Paris

1878

Chassant, Alphonse-Antoine-Louis - Tausin, Henri

Dictionnaire des devises historiques et héraldiques

Supplément au dictionnaire des devises de Tausin

Tome 3

DICTIONNAIRE

DES DEVISES

HISTORIQUES ET HÉRALDIQUES

III

730. — ABBEVILLE. — TYP. ET STÉR. GUSTAVE RETAUX.

DICTIONNAIRE

DES DEVISES

HISTORIQUES ET HÉRALDIQUES

PAR

A. CHASSANT ET HENRI TAUSIN

INTRODUCTION ET TABLE

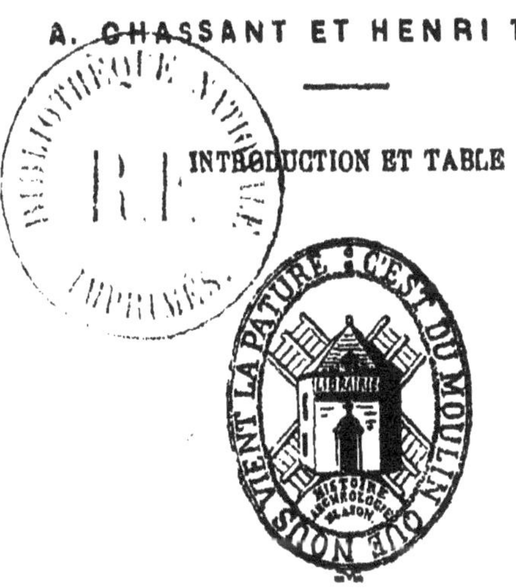

PARIS
DUMOULIN, LIBRAIRE-ÉDITEUR
13, QUAI DES GRANDS-AUGUSTINS, 13

1878

DICTIONNAIRE DES DEVISES

TABLE ALPHABÉTIQUE DES NOMS.

—

A

Abbadie (d'), 521.
Abel de Chevallet, 459.
Abelly, 6.
Abbeville (la ville d'), 109, 647.
Abbeville-Bouberstume, 290.
Abbot Colchester, 591.
Abbott Tenterdem, 504.
Abecorn Hamilton, 662.
Abelly (d'), 389.
Abercromby d'Abouhir, 747.
Abercromby de Birkenbog, 533, 747.
Abercromby de Glasshaugh, 747.
Abdy d'Albyns, 685.
Ablaing, 41.
Abon (la famille d'), 346.
Abot du Bouchet (J. L.), 229.
Abrantès (Junot d'), 97.
Abrics (des), 683.
Absolut de la Gastine, 700.
Académie française (l'), 12.
Achard, 456.
Achard de la Luardière, 411.
Achard de Bonvouloir, 4, 411, 412, 447, 456.
Achard de Pommier, 456.
Achard de Vacognes, 411.
Achard de la Vente, 447.
Aché de Larrey, 33.
Acher de Montgascon, (d'), 542.
Acheson de Gosford, 724.
Achey (d'), 461.
Acigné (d'), 210, 413.
Acigny (d'), 387.
Acland (baronnet), 148.
Acres de l'Aigle (des), 735.

Acton de Wolverton, 712.
Adair, 520.
Addington Sidmouth, 517.
Adelepsen, 752.
Adhémar (d'), 250, 380.
Adhémar de Cransac (d'), 509.
Adhémar de Grignan, 47, 250.
Adornes, 631.
Adoue de Sailhas, 332, 685, 693.
Adrien VI, pape, 584.
Affre de Saint-Rome, 617.
Affrengues (G. d'), 474.
Affry d'Aubrebac (d'), 28.
Agar, 719.
Agar de Maupas, 440.
Agen (ville d') 9, 214, 215.
Aglié (d'), 631.
Agnel-Bourbon, 261.
Agnel de Bourbon d'Acigné, 731.
Agoty (d'), 593.
Agoult (le comte d'), 24.
Agoult (d'), 31, 482.
Aguado de las Marismas, 553.
Aguisy (d'), 390.
Agut, 289.
Agut (d'), 636.
Ahrends, 599.
Aigneaux (d'), 9.
Aigrefeuille, 545.
Aigremont (d'), 332, 693.
Aiguevives (abbaye), 324.
Aiguillon (duchesse d'), 577.
Ailly (d'), 391.
Aimars (des), 320.
Aine (d'), 459.
Ainslie, 612.
Ainval (d'), 210.
Aisne, 145.
Aix (île d'), 484.
Aix (ville d'), 474.
Aix, dit Schoonvorst, 518.
Akakia, 615.
Akerlaken, 529.
Alabat, 669.
Alatruye, 588.
Albaney (d') 393.
Albérici, 597.
Albernethy, 638.
Albert, 421.
Albert (d'), 493.
Albert et Isabelle, 28.
Albert (l'archevêque), 200.
Albertas (d'), 681.
Albertas (Ant.), 458.
Alberti, 735.
Albi (ville d'), 347.
Albignac (d'), 212.
Albis (d'), 393.
Albon (d'), 426.
Albon (le marquis d'), 4.
Albret (le maréchal d'), 17.
Albret (les d'), 128.
Albret (Madeleine d'), 59.
Alençon (le duc d'), 470.
Alençon (les ducs d'), 184
Alençon (François d'), 120.
Alençon (Françoise d'), 73.
Alençon (Marguerite d'), 168.
Alesso (d'), 45.
Alexander de Caledon, 590.

Alexander de Stirling, 590.
Alexandre du Lys, 603.
Alexandre de Haldat, 603.
Alexandris de Rambel, 646.
Alez, 12.
Algarotti (comte d'), 157.
Aligre (d'), 382.
Alise (chapitre d'), 558.
Alison, 728.
Alix (chapitre d'), 404.
Alladi, 640.
Allamont, 585.
Allego (Antoine), 134.
Alleman, 395.
Alleman (Laurent), 70.
Alleman (d'), 633.
Allemand (d') 400.
Allemans (maison des), 249.
Allen, 700.
Alleno, 187, 343.
Alleyne, 568.
Allingres, 642.
Allonville (d'), 697.
Alman (d'), 332.
Almont (d'), 481.
Alois, 660.
Aloiset de Maisières, 70.
Alphonse II d'Est, duc de Ferrare, 319.
Alrics (des), 327.
Alten de Goltern, 661.
Alten de Wilkenburg, 610.
Altkirchen, 607.
Altoviti, 452.
Altvillars (d'), 476.
Alviset de Maisières, 632.
Aly (prince sarrasin), 159.
Ambel, 296.
Ambert, 433.
Ambly, 255.
Ambly (d'), 398, 430, 434, 561, 601, 725.
Ambly (François d'), 437.
Amboise (Charles d'), 197.
Amboise (Charlotte d'), 319.
Amboise (Georges d'), 205, 219, 245, 437, 444, 699.
Amboise d'Aubijoux, 684.
Ambreville (d'), 589.
Ambrois, 290.
Amelot de Chaillou, 94.
Amerval (d'), 442.
Amherst, 720.
Amiens (ville d'), 182, 361.
Amiens (Arquebusiers d') 712.
Amiguet de Vernon (d'), 718.
Amour (l'), 282.
Amyot de Moyencourt, 596.
Amys du Ponceau, 731.
Anacker (baron d'), 245.
Ancaster (le duc d'), 184.
Anceau, 740.
Ancelot, 668
Ancenis (d'), 115.
Anchin (l'abbé d'), 128, 361.
Andans (des), 447.
Andelot (d'), 178.
Andely (vitrail d'), 137.
Andelys (les), 105.
Anderson de Fermoy, 672.

Anderson Pelham Yarborough, 726.
Anderton de Lostock, 762.
Andigné (d'), 49.
Andrada, 406.
André, 293.
André II, roi de Hongrie, 165.
André II de Hongrie (les descendants de), 59.
Andrews, 721.
Ange (l'), 129, 216.
Angebault (Mgr), 493.
Angelin de Champleneys, 10.
Anger, 111.
Angers (ville d'), 23, 33, 213.
Angeville, 150.
Angleterre (roi d'), 74.
Angleterre (Jacques II, roi d'), 60.
Angleterre (Jacques III, roi d'), 50.
Anglure, 429.
Anglure (d'), 638.
Anglure de Bourlemont (d'), 501.
Angier, 111.
Angosse (le marquis d'), 67.
Angot, 664.
Angoulême (ville d'), 469.
Angoulvent, 749.
Angoulevent (d'), 371.
Anjou (maison d'), 519.
Anjou (François, duc d'), 50, 134.
Anjou (Gaston, duc d'), 92, 197, 206, 210, 218, 281, 330, 340.
Anjou (Henri, duc d'), 132, 154, 212, 233, 331, 375.
Anjou (Hercule, duc d'), 50.
Anjou (Jean II d'), 168, 359.
Anjou (Philippe, duc d'), 321.
Anjou (Réné d'), 584.
Anjou (Marguerite d'), 334.
Anne d'Autriche, 197, 202, 538, 592.
Anne de Bretagne, 160, 162, 254.
Anne de Montmorency, 200.
Anne-Marie-Christine (la grande dauphine), 28, 77, 78, 128, 131, 153, 187, 227, 347.
Anne-Marie-Louise d'Orléans, 253.
Anne-Marie-Louise, princesse souveraine de Dombes, 253.
Annesley d'Annesley, 743.
Annesley de Mountnorris, 743.
Annonay (ville d'), 418.
Anson de Birch-Hall, 555.
Anson de Lichfield, 555.
Anstrude (d'), 590.
Anstruther, 590.
Antignate-Courlon, 548.
Antil de Ligonès (d'), 438.
Antioche (d'), 446.
Antoine de Chalons, 412.
Antoing (d'), 413.
Antonelli, 455.
Antonis du Hasoy, 492.

Antrim (marquis), 383.
Applaincourt, 12.
Applaincourt (d'), 426.
Apreece, 503.
Aranda, 730.
Arasola d'Ognata, 400.
Arbaleste de Villargeault, 78.
Arbalestier de Montclar, 177.
Arbaud de Jonques, 202, 451, 647.
Arblade (d'), 425.
Arbois (ville d'), 72, 137, 392.
Arborio, 726.
Arbuthnott, 511.
Arc (d'), 366.
Arc (Jeanne d'), 158, 729.
Arcachon (ville d'), 477.
Arces (d'), 179, 400, 512, 553.
Arces de Réaumont, 191.
Archambault, 146.
Archer d'Umberslade, 680.
Archer Shee, 727.
Arches (la ville d'), 20.
Arcy (d'), 706.
Arcy de Holderness (d'), 706.
Ardani, 180.
Arden Alvanley, 585.
Ardres de Courteville, 600.
Arel, 180.
Aremberg (le duc d'), 278.
Areuth, 632.
Argentré (d'), 253.
Argillères (d'), 529.
Argiot de la Ferrière, 264.
Argonautes de Saint-Nicolas (les), 218.
Arjuzon (d'), 434.
Arklow (baron), 51.
Arles (ville d'), 12, 317, 385, 558.
Arlhac (d'), 485, 544.
Armagnot du Châtelet, 22.
Armand, 281, 452.
Armand de l'Estang, 399.
Arménie, 401.
Armin, 731.
Armstrong de Gallen, 426.
Armuet de Bon-Repos, 24, 70.
Armuon de Lato [illegible]
Armytage de [illegible] 648.
Arnal, 402.
Arnaud, 437 [illegible]
Arnauld de [illegible]
Arnauld de [illegible] 451.
Arnauld de Vitrolles (d') 451.
Arndt (d'), 280.
Arnim (d'), 561.
Arnould de Villers (de), 510.
Arnoult de Berry, 546.
Arod de Chassieu, 293.
Arod de Montmelus (d'), 641.
Arod de la Fay (d'), 641.
Arpajon (d'), 47.
Arras (la ville d'), 40, 132.
Arras (les échevins d'), 90.
Arreger (baron d'), 19.
Arschot (Charles de Croy, duc d'), 301.

Arschot (d'). 560.
Arsoli, 598.
Arthaud de Saint-Germain, 407.
Arthuis, 121.
Arthur, 674.
Artois (conquêtes d'), 180.
Artois (les États d'), 68.
Artois, 540.
Arundel de Condé (d'), 433, 479.
Arvillars, 227
Arviset (Estienne), 87, 219.
Ascanio, 388.
Asch van Wyck, 579.
Assérac (d'), 121.
Asgill, 676.
Ashburnham (le comte), 178.
Ashburton (lord), 674.
Ashley Cooper de Shafterbury, 519.
Ashtown (baron), 367.
Aspremont (d'), 402.
Assailly (d'), 687.
Assas (d'), 396.
Asselin, 462.
Assheton de Lever, 545.
Assier (d'), 500.
Assier de la Chassagne (d'), 676.
Assier de Valanches (d'), 676.
Astfeld, 110.
Aston, 259.
Aston de Forfar, 572.
Astuard de Murs, 115.
Atvillars, 227.
Auberjon de Murinais (la famille d'), 188.
Auberville (Charles d'), 267.
Aubery, 325.
Aubier de Monteilhe, 345.
Aubigny (d'), 90.
Aubigny (d'), 25.
Aubigny (d'), 630.
Aubremé, 281.
Aubrey de Liantrithyd, 662.
Aubry, 495.
Aubry (Auguste), 376.
Aubuisson (d'), 180.
Audebert, 516.
Audenarde (ville d'), 266.
Audeux (maréchal d'), 49, 223.
Audiffret de Venasque, 364.
Audiffret de Vénasque (d'), 734.
Audigier (d'), 407, 559.
Audren de Kerdrel, 334.
Auguste de Saxe, 414,
Augustin (d'), 420.
Aulnis, 266.
Aulnis (d'), 613.
Aulnis de Bouronille, 575.
Aumale (duc d'), 497.
Aumale (ville d'), 700.
Aumale van Romondt, 700.
Aumont, duc de Villequier, 346.
Auquoy (Loys d'), 239.
Auraïson, 490.
Auriol (d'), 498.
Auteuil (d'), 499.
Authier (d'), 536.
Authier (Antoine), 379.
Autier de Villemontée, 204.

Autret, 28, 81.
Autriche (Albert archiduc d'), 716.
Autriche (archiduc d'), 663.
Autriche (duc d'), 421.
Autriche (Ferdinand-Charles, archiduc d'), 727.
Autriche (Frédéric III d'), 630.
Autriche (don Juan d'), 716.
Autriche (Maximilien d'), 45, 630.
Autriche (Anne d'), 78, 197, 202. (V. Anne.)
Autriche (Catherine d'), 167.
Autriche (Elisabeth d'), 147.
Autriche (Marguerite d'), 69, 149, 191, 322, 718.
Autriche (Marie-Thérèse d'), 149.
Autriche (le plénipotentiaire de l'), 54.
Auvergne, 419.
Auvray de la Bataille, 645.
Auvray de Coursanne, 645.
Auvray de la Gondonnière, 645.
Auvray de Saint-Rémy, 645.
Auxerre (le chapitre de Saint-Etienne d'), 100.
Auxillon (d'), 405.
Auxonne (maison à), 103.
Auxy, 454.
Auzoles (d'), 594.
Auzolles (d'), 580.
Auzonville (d'), 732.
Avallon (ville d'), 452, 702.
Avallon (société mélophile d'), 340.
Avaray (comte d'), 356.
Avaray (duc d'), 356.
Avaugour (d'), 350.
Avaux (d'), 560, 568.
Aved de Magnac, 589.
Avenays (d'), 434.
Avene, 329.
Avennes, 117.
Avesion, 590.
Aviand de Piolant (d'). 633.
Avignon (ville [illegible]
Avogado de Casanova, 557.
Avril de Burey, 299.
Aylmer, 672.
Aylva, 734.
Aymer de la Chevalerie, 738.
Aymon de Grolée, 702.
Ayvelles (des), 392.
Azanne, 29.

B

Babinet de Puychevrier, 517.
Babinet de Rencogne, 517.
Babenhausen, 127.
Bachasson (de), 581.
Bachelier (de), 611.
Bachelin Deflorenne, 379.
Bachet, 210, 551
Bacon de Redgrave, 529.
Bacquehem (marquis de), 211.
Bacularts d'Arnaud, 430.
Badie (de), 16.
Baglion, 233.
Bague, 526.
Bahuno de Lescoët (du), 536.
Baile, 271, 731.
Bailey de Glanusk, 516.
Baillancourt-Courcol (de) 471.
Baillescourt, 175.
Baillet (Philippe et Jean), 204, 223.
Bailleul (de), 680.
Bailli de Hopérig, 618.
Baillie, 705.
Baillie de Balmudyside, 718.
Baillie de Inshaughy, 554.
Baillie de Jerviswood, 524.
Baillie de Walston, 585.
Baillif (le), 196.
Bailloncourt, 175.
Baird de Newbyth, 722.
Baird de Saughton, 722.
Baissey, 23, 370.
Balay (de), 232.
Balbian de Vial, 258.
Balch, 50.
Balestrier (de), 745.
Balfour de Balbirny, 730.
Balfour de Burleigh, 576.
Balfour de Grange, 556.
Balagny (de), 598.
Balme (la), 95.
Balme (la) des Mares. 291.
Balsac (Henriette de), 118.
Baltazar (de), 468.
Bandon (de), 734.
Bangeman Huygens, 738.
Banks, 571.
Bannerman d'Elsick, 610.
Bannière envoyée à François Ier, par le Pape, 352.
Banville (de), 430.
Baptendier, 84.
Bar, 404, 408.
Bar de Lagarde (de), 494.
Bar de Vissac, 408, 494.
Bar-le-Duc (ville de), 595
Bar-sur-Ornain (ville de), 251.
Baratti, 573.
Barault-Roulion, 425, 713.
Barbançon, 408.

Barberey (de), 493
Barberin (le cardinal Antoine), 128.
Barbeyrac (de), 479.
Barbier, 324, 353, 559.
Barbou, 380.
Bardet de Burc, 402.
Bardonenche, 384, 704,
Barentin (de), 396.
Barghon Fort-Rion et des Chapelles (supplément).
Barlow, 659.
Baret de Rouvray, 694.
Baring Ashburton, 732.
Barington (baronnet), 345.
Barjot, 516.
Barmon (de), 435.
Barnett de Leys Stewart, 728.
Barnewall de Crickstown Castle, 525.
Baron, 533, 535.
Baronat (la famille), 355.
Barquier (de), 447.
Barral (de), 405.
Barras (de), 458, 712.
Barre de Flandre (la), 337.
Barres (des), 7.
Barret-Lennard (baronnet), 254.
Barret (de), 445.
Barrigue de Fontainieu (de), 563.
Barruel (de), 736, 746.
Barruel de Beauvert (de), 441.
Barruel Beauvert, 367, 737.
Barruel de Saint-Pons, 737, 746.
Barruel de Saint-Vincent, 740.
Barscaou (de), 685.
Barthe (de la), 402.
Barthelier, 49
Bartholeyns, 554.
Bartholozzi, 504.
Bartholy, 550.
Barton de Montbas, 294.
Barville, 72, 311.
Barry (la comtesse du), 37.
Barrymore (le comte de), 37.
Bassabat de Pourdiac, 143.
Bassat de Pourdiac, 143.
Bascher, 441.
Baschet (Armand), 429.
Baschi du Cayla (le comte de), 254, 599.
Bascle d'Argenteuil (le), 308.
Bassedas, 662.
Basemon, 266, 452.
Basemon, (de), 614.
Basentin (de), 199.
Basset, 713.
Basset de Dunstanville, 612.
Bassompierre (le maréchal de), 63, 275.
Bastard (de), 632.
Bastard (la maison de), 61.
Bastard d'Estang (de), 443.
Bastard de Fontenay (de), 639.
Bastard de Kitley, 587.
Bataille de Jaucourt (de), 719.

1.

Bataille-de-Mandelot, 32, 99, 437.
Bateman, 306.
Batemin, 207.
Bateson de Belvoir, 607.
Bathe de Knightstown (de), 527.
Bathurst (le comte), 331, 689.
Batthany (le prince de), 110.
Batz (de), 492.
Baud, 580.
Baudard de Saint-James, 385.
Baudet, 38.
Baudicourt, 439.
Baudinet, 61, 95, 137, 230, 277.
Baudinot, 299.
Baudoin, 313, 665.
Baudot (P.), 130, 204, 341.
Baudouin, 342.
Baudricourt (Robert de), 408.
Baudry des Lozières, 172.
Bauffremont (de), 70, 72.
Bauld (le) de Nans, 242.
Baulx (de), 487.
Baume-Falconnet (de la), 175.
Baume (de la), 458.
Baume de Bouville (la), 446.
Baume (Joachim de la), 229.
Baume-Montrevel (la), 180, 503.
Baume-Suze (la), 82, 447.
Baümen (de), 61.
Bauwens, 709.
Bavière (Joseph-Clément de), 321.
Bavière (Guillaume V, duc de), 728.
Bavière (Marguerite de), 508.
Bavière (Rois de), 576.
Bavière (van), 470.
Bayard (le chevalier), 3, 222, 292, 362, 459, 687.
Bayeux (Louis-François, évêque de), 22.
Baygnan de la Jommeraye, 165.
Bayonne (ville de), 230.
Bayonne (chambre de commerce de), 359.
Bazoches, 46.
Beauchamp Proctor (baronnet), 333.
Beauchamp (de), 492, 693.
Beauchesne de Courtilloles (de), 409.
Beauclerc (Michel de), 122.
Beauclerck de Vere, 29.
Beauclerk Vere de Hanworth, 718.
Beaucorps (de), 112.
Beaucorps-Créquy, 425.
Beaucourroy, 189.
Beaucourt, 424.
Beaufort (David de), 144.
Beaufort (duc de), 312.
Beaufort, 146, 476, 511.
Beaufort-Spontin, 146.
Beaufranchet de la Chapelle (de), 460
Beauffremetz, 537, 751.
Beauffremont (maison de), 310.

Beauffremont, 36, 73.
Beauffremont (Nicolas de), 150.
Beauffremont de Charny, 33, 249.
Beauffremont de Courtenay (de), 594.
Beauffremont-Laval (de), 495.
Beauharnais (de) 27, 30.
Beauharnais (les), 209.
Beaujeu (de), 25, 465.
Beaujour (de), 391.
Beaulieu (de), 471, 534.
Beaulieu-Marconnay, 418.
Beaulincourt, 256.
Beaumanoir (de), 33, 181.
Beaumanoir de Lavardin, 162, 408, 411.
Beaume - les - Messieurs (chapitre de), 557.
Beaumont, 255.
Beaumont d'Autichamps, de Saint-Quentin (les de), 145, 396.
Beaumont (de), 50, 76, 193, 408, 599, 600.
Beaumont d'Autichamp (de), 396.
Beaumont du Repaire (de) 396.
Beaune (ville de), 204, 579.
Beaupré, 180.
Beauroire (de), 410.
Beausset, 311.
Beauvais (ville de), 238, 582.
Beauvais, 422.
Beauvais-Vouty, 4.
Beauvau Craon, 291.
Beauvau, 33, 292.
Beauvau (de), 519.
Beauvillier de Saint-Aignan, 156.
Beauvillier (les de), 144.
Beauvilliers, 495.
Beauvoir, 373.
Beauvoir (Eugène de), 359.
Beauvoir du Roure-Grimoard, 31.
Beccaria (de), 408.
Bec de Lièvre, 138.
Bechade, 458.
Bechard, 194.
Becker de Mons, 424.
Beckwith (baronnet), 167.
Bectoz, 249.
Bedingfel d'Oxburg, 662.
Begue de Lannoy, 36.
Belgique (le royaume de), 186.
Belgodère de Bagnaja, 692.
Belin, 2, 236.
Bellabre, 265.
Bellassye, 36.
Bellay (Jacques du), 328.
Bellecombe, 33.
Belleforière, 34.
Bellegarde (Roger de), 65, 157, 282.
Bellenden, 654.
Bellère du Tronchay, 692.
Bellerois (de), 408.
Bellet de Tavernost, 710.
Belleval (de), 30, 513, 569, 580.
Bellevue, 408.
Belleville (ville de), 710.
Bellew, 695.
Belli, 82, 205, 564.
Belli d'Arbuzenier (de), 546, 564.

Belli des Échelles (de), 546, 564.
Belli de Venançon, 467.
Bellingrant de Crénon (de), 442.
Bellomet (de), 479.
Belloy (de), 510.
Belœ, 745.
Belot (Jean), 381.
Belot de Ferreux (de), 434.
Belval (de), 76.
Belzig de Kreutz, 639.
Bempden Johnstone, 572.
Bénac (de), 435, 537.
Bendish de Steeple Bumstead, 711.
Beneyton, 409.
Bengy de Puy-Vallée, 35.
Bennet, 64.
Bennet de Grubet, 409.
Benevans, 161.
Benoist d'Azy, 34.
Benoist de la Prunarède, 370.
Benoît de la Grandière, 362.
Benoît de la Paillonne (de), 748.
Benso de Cavour, 751.
Benthall de Bucksford, 685, 712.
Bentheim Tecklenburg, 526.
Bentivoglio, 555.
Bentivoglio (Charles de), 356.
Bentivoglio (Ferdinand de), 400.
Benyset (de), 461.
Benz d'Albkron, 658.
Berard, 274, 321.
Berard (la famille de), 178.
Berard (Thômas de), 105.
Bérard de Kermartin, 619.
Bérard de Montalet (de), 445.
Berchem, 410.
Béraudière (la), 556.
Berbis de Dracy, 304.
Berbisey, 95, 340.
Berchtold de Sonnenberg (baron), 367.
Berefford, 555.
Berenger, 165, 473.
Bérengi (comte de), 276.
Beresford de Beresford, 553.
Beresford de Tyrone, 681.
Bergé de Mazères, 664.
Berghes (Alphonse de), 69.
Berghes (de), 531, 640.
Berghes saint Winnochs, 34.
Bergier, 112.
Bergues (Maximilien de), 203.
Berkeley (comte de), 72.
Berlaere, 597.
Berluc de Pérussis (de), 401.
Berlaimont (Louis de), 108.
Bermon (de), 440.
Bermond de Vaux (de), 594.
Bernard, 438, 501, 689.
Bernard (de), 487.
Bernard (Nicolas), 241.
Bernard de Couert, 443.
Bernard de la Fosse (de), 469.

Bernard de la Frégeollière (de) 469.
Bernard de Gautret (de), 469.
Bernard de Lausière (de), 469.
Bernard de Marigny (de), 469.
Bernard Michiels, 726.
Bernard de Montbrison, 97.
Bernard du Port (de),469.
Bernardi, 716.
Bernardon, 655.
Bernay de Favancourt, 631.
Berneaux (de), 241.
Bernet de Garros (du), 747.
Bernetz (de), 420.
Berney de Park-Hall, 556.
Bernier, 141.
Bernier de Pierrevert,482.
Bernière, 9.
Bernis (Pierre de), 21.
Bernon (de), 500, 739.
Bernon de la Guillemaudière, 366.
Bernon de Montélégier (de), 442.
Bernstoff (de), 626.
Beroldingen, 576.
Berruyer (le), 193.
Berry, 633.
Berry (Jean, duc de), 236, 310.
Berry (les chevau-légers de), 239.
Berry de Catton, 588.
Berryer d'Augerville,120.
Berryer père, 120.
Bert, 296.
Berthelot de Rambuteau, 559.
Bertherie (de la), 406.
Berthier, 455.
Berthier de Sauvigny, 579.
Berthier de Wagram, 421.
Bertie (baronnet), 184.
Bertie, 363.
Bertier (de), 430.
Bertin, 441.
Berton des Balles de Sambuy, 457, 641.
Bertrand, 424, 447.
Bertrand (de), 632.
Bertrand de Molleville (de), 448.
Bertrandière (de la), 628.
Bertrier, 100.
Bertrincourt, 36.
Berwick (de), 579.
Besançon (la ville de),54, 55, 67, 249, 252, 295, 322, 351, 710.
Beschard, 194.
Besnier du Pont, 531.
Bessas de la Blancherie (de), 645, 649.
Bessas (de), 724.
Bessas de Chateauneuf (de), 645.
Bessas de Lafond (de), 645.
Bessas de la Mégie (de), 645.
Bessas de la Vergne (de), 433, 645.
Bessay (de) 456.
Besson, 518.
Best Wynford, 517.
Bésuchet de Saunois,406.
Bethisy, 98.

Bethmann, 701.
Béthume, 545.
Béthune (de) 668.
Béthune de Balfour, 431.
Béthune (Maximilien de), 276.
Béthune de Nethertarvit, 630.
Bethune-Sully, 77, 440.
Beufrier, 323.
Beugnon de la Touche, 671.
Beust, 553.
Beuvron (de), 580, 600.
Béverne (de), 440.
Bevier de Freyriedt, 626.
Bevilacqua, 467.
Beynaguet de Pennautier (de), 445.
Bezannes (de), 546.
Bezborodko (prince), 172.
Bianchi (baron de), 340.
Biaudos de Castéja, 487.
Bibal d'Asfeld, 409.
Bibal (de), 501.
Biber, 648.
Bibliophiles (société de) français, 97.
Bickerton, 608.
Bidart, 518.
Biel, 611.
Bigault (de), 537.
Bigne (de la), 671.
Bignon, 126, 382.
Bigorgne, 536.
Bigorie (de), 626.
Bigorie du Chambon, 727.
Bigorre (maison de), 569.
Bigot, 695.
Bigot de Morogues, 335, 435.
Bigres (de), 401.
Bigne de Chéry (de), 440.
Bihan (Le), 16, 355.
Billehé de Valensart, 273.
Billerey, 282.
Biliotti, 317, 588.
Biliotti-Volpi, 500.
Billy (Philippes de), 164.
Bindlosse, 588.
Binet, 143, 164.
Bingham, 668.
Bingham de Lucan, 669.
Biotière, 326.
Birague (de), 167, 483.
Birague (cardinal de), 287, 561.
Birch des Hasles, 516.
Biron (Armand de), 43, 245, 219.
Biron (prince de), 59.
Bishopp de Parham, 607.
Bisien, 304.
Bisson (du), 555.
Bittner de Bittnenthal (baron), 366.
Bittner de Bitterthal, 739.
Bizemont, 501.
Bizien du Lézard, 736.
Bizien de Kérigomarc'h, 736.
Bizoton de Saint-Martin, 426.
Blacas (de) d'Aulps, 261.
Blacas-d'Aulps (duc de), 352.
Blachet (baronnet), 226.
Blackadder de Tullialan, 744.
Blacke-Henderson, 662.
Blackwood, 592, 740.
Blair de Baltyock, 740.
Blaise de Blaircourt, 440.
Blake de Menlongh, 735.

Blake Wallscourt, 735.
Blamont (de), 410.
Blamor de Ganne, 592.
Blanc, 91, 308, 328, 698.
Blanc de Percy (Le), 180.
Blanc (du), 701.
Blanc (Le), 641.
Blanc de Brantès (du), 458.
Blanc de Kippax, 666.
Blanche de Castille, 518.
Blanchery, 414.
Blanchetti (de), 464.
Blane de Blanefleld, 582.
Blangy (de), 390, 638.
Blanot, 326.
Blanquart de Bailleul, 657.
Blaquière d'Ardkill, 689.
Blazens, 722.
Blé (du), 91.
Blécourt, 38.
Blencowe, 623.
Blende (de), 654.
Blicterswich (de), 139.
Blijenburg, 506.
Blocqueville (de), 442.
Blois, 80.
Blois (de), 9.
Blois (la Chambre des comptes de), 61, 337.
Blois-Châtillon (les comtes de), 418.
Blonay, 267.
Blond (Jehan Le), 93.
Blondel de Joigny de Bellebrune, 127.
Blondel (de), 570.
Blondel d'Aubers, 426.
Blondy de la Croix, 411, 657.
Blonquemaille (de), 694.
Blottelière de Villancourt (de), 600.
Blount de Devonshire, 522.
Blount de Heatfleld, 522.
Bloys (baronnet), 164.
Blundell, 709.
Blye (de), 467.
Boba, 504.
Bochart de Champigny, 157.
Bochart de Saron (François), 185.
Boche, 192.
Bochetel, 65.
Bock, 274.
Bock Hermsdorff, 559.
Bocsozel - Montgontier, 727, 623.
Bocquet de Courbouzon, 603.
Bodard de la Jacopierre (de), 416.
Bodenhausen, 706.
Bodin (Charles), 196.
Bodin de Saint-Laurent, 416.
Boëssière (de la), 356.
Bœuf d'Osmoy (Le), 146.
Boffin, 40, 68.
Bogaerde de Terbrugge, 99.
Bohal (Henri de), 254.
Bohême, 604.
Bohême (Louis, roi de), 661.
Boher, 261.
Bohier de Saint-Cyergue, 743.
Bohier, 307.
Bohlen (baron de), 41.
Boigne (de), 304.

Boileau de Castelnau, 69.
Bois-Boissel (du), 312.
Bois-Dauphin (de), 103.
Bois (du), 183, 299.
Bois-Eon (de), 325.
Bois d'Escordal (du), 117, 467.
Bois de Fontaines (du), 519.
Bois de la Roche-Bourdeil (du), 519.
Bois de Mouzilly, 383.
Bois des Rosiers (du), 519.
Bois de Tertu (du), 710.
Bois-Thierry (de), 527.
Boisboissel (de), 476, 663.
Boisgelin (de) 158.
Boisgueheneuc (du), 17, 40, 125.
Boisgueret de la Vallière (de), 550.
Boisjourdan (de), 392.
Boismare (de), 649.
Boispréau (de), 715.
Boissat, 214, 573.
Boisse (de) 397.
Boisseau de la Galernerie, 479.
Boisseau du Bosey, 296.
Boisset (de), 395.
Boissiat (de), 448.
Boisson de la Boule, 402.
Boissy-d'Anglas (le comte de), 102.
Boissy (de), 135.
Boissy du Coudray (de), 537.
Boisti[illegible]andeau (de), 440.
Boitouzet, 259.
Boitouzet de Poinsson, 293.
Boivin, 53.
Boivin (Jean), 169.
Bolden de Hyning. 600.
Boliers (de), 462.
Bolton (le duc de), 32.
Bombelles (de), 411.
Bonadona d'Ambrun, 476.
Bonal (de), 2.
Bonald (cardinal de), 606.
Bonaparte (Monnier de), 158.
Bonar, 386.
Bonchamps (de), 600.
Bond, 567.
Bonfils de Lapeyrouse, 701.
Bongars, 36, 653.
Bonin de la Boninière de Beaumont, 737.
Bonnard, 610.
Bonnay (de), 235, 706.
Bonnechose (de), 108.
Bon de Lignim, 297.
Bonne de Lesdiguières (François de), 122, 127, 229, 244, 301, 318, 476, 512, 555.
Bonnefoy de Bretanville, 139.
Bonnegens des Hermitans (de), 411.
Bonnel, 119.
Bonnevie de Pogniat (de), 431, 539.
Bonnier, 678.
Bonninière de Beaumont (comte de la), 367.
Bontemps, 397.
Bonvallet, 63, 91, 648.
Bony de Lavergne, 35.
Boort, ou Bohart de Ganne, 515.
Booth de Warington, 621.

Boothby de Breadlow 541.
Boquet, 262.
Borch (von der), 602.
Bord (de), 471.
Bordeaux (l'Académie de), 57.
Bordeaux (Académie des sciences et arts de), ...
Bordeaux (Académie de peinture, sculpt. et architect. de), 87.
Bordeaux (Chambre de commerce de), 277.
Bordeaux (notaires de), 178.
Bordeaux (ville de), 518.
Bordes, 128.
Bordier, 477.
Boreel de Mauregnault, 353.
Borel d'Hauterive, 168, 394, 442, 477.
Borrey, 264.
Borghèse, 401.
Borgia (César), 291.
Borgne (Le), 255, 336, 351.
Borgne de Boigne (Le), 585.
Borjon de Siclery, 455.
Bormann, 436.
Borough (baronnet), 323.
Borrowes de Giltown, 568.
Borsch de Borschod (baron), 152.
Borthwick, lord Borthwick, 617.
Bosc de Radepont (Du), 595.
Boscawen, vicomte de Falmouth, 241.
Bosch de Drakestein, 738.
Boselli, 640.
Bosquillon d'Aubercourt, 645.
Boswell d'Auchinleck, 749.
Boswell de Glassmount, 569.
Bossuet (C.), 62.
Bossuet (J.), 278.
Botdéru (le comte de), 34.
Botdéru (Du), 34, 333.
Botglasec, 274.
Botglazec (Du), 267.
Bothéau (de), 413.
Bothmar, 664.
Bothwell de Holyrood, 574.
Botigneau, 11, 393.
Botmeur (du), 180.
Botter de Verchères, 712.
Boüard de la Forest, 440.
Boubers-Abbeville-Tunc, 109, 642.
Boucault (F.), 230.
Boucaut, 397.
Boutourlin, 395.
Bouchat (du), 452.
Bouchel de Mereuvène, 426.
Boucherat, 216, 663.
Boucherat (le chancelier), 240.
Boucherat (Nicolas), 267.
Boucher d'Argis, 589.
Boucher de la Motte, 139.
Bouchere Taunton (La), 584.
Bouchère (La), 240.
Bouchet (du), 254.
Boucicault (maréchal), 366.

Bouclans (maréchal de), 8, 715.
Boucq de Beaudignies (Le), 524.
Boucq de la Mouzelle (Le), 634.
Boucq de Ternas (le), 380.
Boucqueau de Villeraie, 470.
Boucquin, 250.
Boucy (le sieur de), 373.
Boudaan, 613.
Boudens de Vanderbourg, 404.
Boudin, 6.
Boudins, 454.
Boudon (Marie), 311.
Boudot, 679.
Bouet-Willaumez, 422.
Bouexière (de la), 206, 335, 356, 399, 547.
Bouexière de la Fontaineplate (de la), 696.
Bouexière de Mettrie (de la), 696.
Bouez d'Amazy (de), 559.
Bouffier, 72.
Boufflers, 38.
Boughey d'Aqualate, 547.
Bougy, 246.
Bouhier (G.), 240.
Bouillé, 31.
Bouillé (le comte de), 337, 696.
Bouillé du Charriol, 176, 696.
Bouillé de l'Ecluse (de), 696.
Bouillé du Tronçay (de), 696.
Boule-Terranera, 413.
Boulier, 16, 275, 272.
Boulliers (Louis de), 294.
Boulogne (de), 673.
Boulogne-sur-mer (les anciens comtes de), 37.
Boulou (le), 311.
Bouillon (Godefroy de), 41.
Bouillon (Henri de la Tour, duc de), 63.
Bouquet, 311.
Bourbel de Montpinçon (de), 509.
Bourblanc (du), 62, 76, 293.
Bourbon, 37.
Bourbon (Antoine de), 7.
Bourbon (Catherine de), 100.
Bourbon (Charles, cardinal de), 26, 29, 115, 126, 145, 211, 243, 553.
Bourbon-Condé (Henri de), 92.
Bourbon-Conti, 22.
Bourbon-Conti (François de), 152, 191.
Bourbon (Charles Ier de), 630.
Bourbon (Henri Ier de), 623.
Bourbon (le duc Jean de), 373.
Bourbon (Henri de), 28, 47, 193, 675.
Bourbon (Henri II de), 686.
Bourbon (Jean Ier de), 675.
Bourbon (Jean II de), 583.
Bourbon (Louis II, duc de), 93.

Bourbon (Louis de), 12, 219, 223.
Bourbon (Marie de), princesse de Carignan, 149.
Bourbon-Vendôme (Antoinette de), 173.
Bourbon (Anne-Louise de), 592.
Bourbon l'Archambault (de), 400, 412, 499.
Bourbonne (de), 535.
Bourcier, 262.
Bourcourd, 71.
Bourdeuille (de), 571.
Bourdillon de la Platière (maréchal), 352.
Bourdonnaie (de la), 607.
Bourée, 602.
Bourelle de Sivry, 466.
Bourrelier de Malpas, 184.
Bourrelier de Mautry, 520.
Bourg (du), 82, 518, 707, 737.
Bourg-Blanc (du), 448.
Bourg du Maine (du), 737.
Bourg de Péchauriolles (du), 707.
Bourg de Saint-Albans (du), 707.
Bourg de Ternay (du), 707, 737.
Bourgeois (Le) de Tournay, 280.
Bourges (Saint-Etienne de), 97.
Bourges (la ville de), 60, 150, 312, 320, 323.
Bourgnon de Layre (de), 471.
Bourgogne, 215, 412, 417, 540.
Bourgogne (Chambre des comptes de), 28.
Bourgogne (Chambre des francs-fiefs de), 322.
Bourgogne (Charles-le-Téméraire, duc de), 64.
Bourgogne (chevau-légers de), 371.
Bourgogne (duc de), 124, 214.
Bourgogne (ducs de), 104, 113, 200, 225, 369.
Bourgogne (le duc Jean de), 135.
Bourgogne (Etats de), 13, 43, 62, 77, 86, 98, 111, 112, 124, 132, 135, 142, 161, 167, 180, 194, 196, 197, 204, 226, 232, 235, 236, 241, 249, 277, 282, 284, 286, 289, 295, 300, 302, 309, 316, 326, 330, 331, 343, 346, 350, 358, 371.
Bourgogne (franc-fiefs de), 208.
Bourgogne (francs-fiefs et chambre des Etats généraux de), 296.
Bourgogne (gendarmes de), 339.
Bourgogne (jetons), 369, 370.
Bourgogne, maire de Nantes, 337.
Bourgogne (Marie-Adélaïde, duchesse de), 58, 104, 112, 128, 134, 185, 227, 229, 257, 263, 311, 315, 316.

Bourgogne (mines et forges de), 107.
Bourgogne de Vieilcourt, 696.
Bourguignon - Lamure, 55.
Bourke, 4.
Bourke (baron), 297.
Bourlon, 178.
Bourlotte (La,) 403.
Bourmont (de), 409.
Bourmont de Ghaisné (de), 417.
Bourneville, 630.
Bournon (de), 512.
Bournonville (de), 413.
Bourg d'Auffey (Du), 344.
Boussière (Richard de), 286.
Bousies, 37, 178.
Bousquet (du), 406.
Bousquet de Saint-Pardoux (de), 694.
Boussaroque de Lafont, 500.
Boussay (de), 413.
Boussuet (J.), 38.
Bout, 64.
Bouteiller (Le), 309.
Bouteiller, de la Houssinière (le), 58.
Bouteiller de Senlis (le) 121.
Bouteiller de Rancé (Le), 428.
Boutet de Maranville (du), 733.
Bouthelier, 192.
Bouthillier de Villetavin (de), 656.
Bouton (Claude), 313.
Bouton (la maison de), 176.
Bouton de Chamilly, 40, 179.
Bouvans (de), 250.
Bouverie, 751.
Bouverie de Radnor, 585.
Bouvet (de), 88.
Bouvet, 475.
Bouvier de Portes, 41.
Bouvier, 40, 448.
Bouvot, 115.
Bovis (de), 438.
Bowier (baronnet), 54.
Boyer (cardinal), 367.
Boyer, 490.
Boyer de Sainte-Suzanne (de), 397.
Boyle de Burlington, 747.
Boyle de Cork, 747.
Boyle de Shannon, 665. 747.
Boyle Blessington, 622.
Boylesve, 63.
Boynet du Plessis, 575.
Boysseulh (de), 690.
Braam, 641.
Brabazon de Meath, 749.
Brachet (de), 71.
Bradshaigh de Haigh, 620.
Brady (baron de), 153.
Brallet, 439.
Brancas (de), 604, 707.
Brancas de Lauraguais, 443.
Branchu (Jean), 354.
Brand, 254.
Brander de Somerfordt, 752.
Brandhofen (baron de), 305.
Braque, 150, 340, 702.

Braquemont, 598.
Braunecker (baron de), 109.
Bravards d'Eyssat du Prat (des), 669.
Brayer (de), 410.
Bréauté (Adrien II, amiral de), 8.
Breauté (Adrien de), 113, 194.
Bréauté (Pierre de), 347.
Bréauté (de), 531, 583.
Breda-Wassenaer (de),79.
Brehan (de), 121, 463.
Breil de Pontbriaut (du), 238.
Bremer, 612.
Bremond, 101.
Brémond d'Ars (de), 489, 558, 737.
Brenard de Corbeeck,659.
Brenas (de), 574.
Brenier, 264.
Brenne de Brênas, 447.
Bréonis (de), 647.
Bresdoul (de), 315.
Bressieu (le marquis de), 283.
Bressieu-Grolée, 23.
Bresson, 275.
Bretagne, 14, 210.
Bretagne (ducs de), 15, 189, 271, 600, 637.
Bretagne (Anne de), 15, 160, 162, 254.
Bretagne (Marie-Adélaïde, duchesse de),271.
Breton de la Haize (le), 540.
Bretonneau de Moydier, 397, 415.
Breuil (le), 48.
Breuilly (de) 525.
Breul de Sacconey (du), 42.
Breydel, 660.
Brezal (de), 316.
Briand, 291.
Briare (le canal de), 52, 123.
Briçonnet, 77, 533.
Bridgeman de Bradford, 548.
Brière (s. de la), 52.
Briet, 525.
Brigges de Haughton,730.
Brigitte de Sarsfield, 733.
Brignac (de), 397.
Brigode, 73.
Brigode (comte de), 241.
Brimeu, 29, 251.
Brimeu (David de), 268.
Brinckman, 591.
Brinon (Jean), 285, 288.
Brinon de Villaines, 452.
Briolles (de) 668.
Briot de la Mallerie, 66.
Brisalt, 504.
Brisoult (de), 424.
Brivazac (de), 556.
Brivio Sforce, 574.
Broca (de), 463.
Brocard, 22.
Brodie de Boxford, 708.
Broeck, 719.
Broglie (de), 19, 601.
Brogny (de), 418.
Broke de Broke-Hall,636.
Bromley (baronnet), 244.
Bromley (de), 583.
Bromley, lord Montford, 564.
Brondeau (de), 451.
Bronkhorst, 652.

Bronod, 447.
Brooke de Norton, 433.
Brossais de Saint-Marc, 152.
Brossard de Cléry, 26.
Brossaud de Juigné, 691.
Brosse (de), 276.
Brosse (de la), 466.
Brosses (de), 479.
Brossin de Méré (de), 730.
Brou, 316.
Brougham, 612.
Brouillis de la Ferrière, 434.
Broun Ramsay de Dalhousie, 579.
Brousse de Verteillac (de la), 577.
Browne (les), 323.
Browne de Dolpentiew, 505.
Browne de Kenmard, 520.
Browrigg, 728.
Brownrigg, 728.
Bruc (de), 113, 465, 493.
Bruc de la Guerche (de), 465.
Bruc de Malestroit (de), 465.
Bruc de Montplaisir (de), 465.
Bruck, 622.
Brudnell (le baron), 90.
Brudenell Bruce d'Allesbury, 688.
Bruniquel (de), 633.
Brueil (du), 700.
Brueys de Souvinargues, 232.
Bruges (de), 524.
Brulart de Sillery, 404.
Brun de Montesquiou, 158.
Brun de Charmettes (le), 496.
Brun de Marets (le), 496.
Brun de Vivier (le), 496.
Brunet de Neuilly (de), 737.
Brunet de Puisaye (de), 434.
Brunetti, 583.
Brunswick-Wolfenbuttel (le grand-duc), 203.
Bruslard, 17.
Bruslart (Denys), 146.
Bruxelles (orfèvres de), 577.
Bruyères de Saint-Michel (de), 661.
Bruyères-Chalabre, 310.
Bruyset, 109.
Brydges (baronnet), 188.
Buatier, 485.
Buchamp de Kelly, 564.
Buchan Hepburn, 564.
Buchanan de Drumhead, 583.
Buchepot, 435.
Buchepot (de), 413.
Bucher, 210, 551.
Buchère de l'Epinoy (de), 461.
Buchon, 56.
Buckley, 644.
Bude de Campagnolle, 466.
Budes de Guébriant, 324.
Budos (Laurence de), 124, 278.
Bueil de Sancerre, 584.
Bugeaud (maréchal), 91.
Buigny de Bailly, 352.

Buisseret de Blarenghien, 403, 566.
Buisson (de), 649.
Buisson de Bournazel, 649.
Buissy (de), 25.
Bulkeley, 548.
Bullet (de), 739.
Bullion de Fontenay, 467.
Bulow de Dennewitz, 67.
Bulteau de Préville, 623.
Buondelmonti (Camille), 159.
Bureau (Jean de), grand-maître de l'artillerie, 37.
Burenne (de), 480.
Burey (Avril de), 299.
Burg (de), 413.
Burgat (de), 504.
Burges, 516.
Burgess, 507.
Burgh de Marble-Hill, (de) 707.
Burgh de Castle Connell (de), 707.
Burgh de Clanricarde (de), 707.
Buridan, 694.
Burle, 59.
Burnaby, 611.
Burnaby de Broughton Hall, 611.
Burnett de Leys, 729.
Burrard de Walhampton, 591.
Burrell, 675.
Burteur, 43, 372, 373.
Burteur (J.-P.), 282.
Burton de Stockerston, 723.
Bury, 38.
Bury de Charleville, 735.
Bury de Drayton, 547.
Bus (du) de Chisignies, 112.
Bussche de Hunefeld, 689.
Busseuil (de), 440.
Busseuil de Saint-Fremin (de), 440.
Bussillet, 736.
Bussillot, 678.
Buson de Champdivers, 29.
Buysson (du), 620.
Buysson du Vernet (du), 620.
Bussy, 88.
Bussy-Rabutin (de), 512.
Butet, 176.
Butler, 51.
Butler, comte de Lanesborough, 181.
Buttler de Clonebuch, 84.
Butler de Dunboyne, 690.
Buves, 38.
Buxton de Shadwell, 752.
Buzic, 52.
Byam, 551.
Byng de Strafford, 701.
Byng Torrington, 701.

C

Caan, 614.
Caballini d'Ehrenburg, 284.
Cabarrus, 111.
Cabet, 230, 277.
Cabillian, 643.
Cabiron, 363.
Cabot, 297.
Cacqueray (de), 405.
Cadenet, 209, 549.
Cadiot de Pontenier (de), 731.
Cadiot de Saint-Paul (de), 731.
Cadogan, 618.
Cadoine de Gabriac, 551.
Cadot de Sébeville, 643.
Caermichel Smyth (baronet), 333.
Caëtantas (de), 459.
Caffarelli (de), 455, 661.
Cagariga d'Armissan (de), 448.
Cahen d'Anvers, 437.
Cahideuc (de), 18.
Cahuac, 405.
Caïeu (les sœurs de), 183.
Caillet, 574.
Cailly (de), 514.
Caix de Saint-Aymour (de), 466, 714.
Calf de Noidans, 353, 714.
Calandrini, 679.
Calbiac (de), 649.
Calder de Muirtoune, 723.
Caldwel, 642.
Calignac (de), 394.
Calkoen, 591.
Callander de Westertown 529.
Callio (muse), 11.
Calliope (muse), 168.
Calloët, 7.
Callonel de la Roche, 746.
Calmels (de), 680.
Caloen Arents, 725.
Calonne (de), 420, 468.
Calotte (le régiment de la), 105, 285.
Calvières (de), 463.
Cambefort (de), 543.
Cambell d'Argyle, 748.
Camberlyn, 674.
Camberlyn d'Amougies, 674.
Cambis (de), 739.
Cambout de Coislin (du) 161.
Cambray (la ville de), 52.
Cambray (Etats de), 83.
Cambron (de), 729.
Cambronne, 507.
Camelin, 68.
Cameron de Fassifern, 528.
Cameru (de), 19, 91.
Campbell, 504, 515, 591.
Campbell d'Aberuchill, 721.
Campbell d'Argyll, 550.
Campbell de Barcaldine, 582.

Campbell de Dunstaffnage, 722.
Campbell d'Ila, 532.
Cambwell, 651.
Campe d'Isenbuttel, 591.
Campeau, 92.
Campi, 379.
Campoteiar (de), 653.
Camus de Pontcarré de Pontois, 502.
Camus de Pontcarré (Geoffroi-Macé), 378.
Camusat (Jean), 327.
Camusel, 633.
Cancrin, 503.
Candele d'Humbec (le), 639.
Candie de Saint-Simon, 414.
Candole, 32.
Canesson (de), 315.
Canning, 546.
Canning Garvagh, 546.
Canolle (de), 495.
Canquoin (P.), 171.
Cantaing, 39.
Cantel (de), 439.
Cantelme des Rolands, 371.
Cantillon de Ballibique, 117.
Cantilly, 386.
Canto d'Yrles (comte), 316.
Cany ou Canny, 58.
Capel Broke (de), 669.
Capellini, 662.
Capello, 180.
Capova de Conca, 549.
Capponi (de), 599.
Capris, 690.
Caradeuc (de), 401.
Caradoc Howden, 698.
Caraffa, 415.
Caragnol, 324.
Caraman, 170.
Carbonel de Canisy, 538.
Carbonnel (de), 488.
Carbonnel de Hierville (de), 482, 497, 619.
Carbonnière (de), 512.
Cardailhac (de), 691.
Cardevac d'Havrincourt, 10, 26, 197.
Cardinal (le), 174.
Cardon, 58.
Cardon d'Anglure, 207.
Carew, 554.
Carew de Haccombe, 555.
Carhampton (le comte), 88.
Carheil (de) 254.
Carion, 213, 521.
Cariou, 348.
Caritat de Condorcet, 40, 45.
Carlet de la Rozière, 518.
Carleton, 615.
Carleton Dorchester, 623.
Carlowitz, 157.
Carman, 72, 81.
Carmejane-Pierredon (de) 438.
Carmen, 76.
Carmes déchaussés (les), 374.
Carmes de Rouen (les), 142.
Carmichel Anstruther, 693.
Carmichael de Hyndford, 693.
Carmichael de Nutwood, 693.
Carné (de), 252.

Carnin, 735.
Caron, 187.
Carondelet (Jean), 19.
Carondelet (Jean de Chauldey dit), 15.
Carpentier, 24, 407, 475.
Carpentier de Changy, 442.
Carpentier de Crécy, 41.
Carpentier de Tyrconnell, 588.
Carpentier de Vannes, 442.
Carre de Luzançy, 231.
Carré de Carreville, 571, 573.
Carré de Luzançay, 571.
Carretti, prince de Sulmona, 545.
Carretto de Gorzégno, 752.
Carrick (comte), 314.
Carrière (de), 461.
Carrière de Montmorel (de), 466.
Cartelier, 449.
Cartella, 406.
Carteret (le baron), 184.
Carvoisin, 82.
Casabianca (de), 487.
Cassagne de Beaufort de Miramon (de), 402.
Cassagne de Saint-Jean-de Libron, 501.
Cassan (de), 443.
Cassard, 293.
Casse (du), 466.
Cassilis, 31.
Cassilla (de), 444.
Castelbajac, 182, 410.
Castel-Cicala, 230.
Castellane, 140.
Castellane (de), 481.
Castellane d'Ornano de Grignan, 47.
Castellane de Valon, 529.
Castet (de), 450, 582.
Castille (rois de) 637.
Castillon (de), 68, 75, 76, 435, 603, 605.
Castillon de Beyne, 411.
Castillon de Mauvesin, 262.
Castillon de Saint-Martin, 11.
Castillon de Saint-Victor, 611.
Castera, 303.
Castres (ville de), 431.
Catalogne (les 9 barons de), 317.
Cathcart de Carleton, 413.
Cathelineau (général), 74.
Catherine d'Autriche, 107.
Catherine de Médicis, 104, 106.
Catin (J.), 260.
Catin de Flavignerot, 317.
Catinat, 234.
Cattaney de Momo (comte), 170.
Cattho (Ange), 99.
Cauda (J.-F.), 130.
Caulincourt, 69.
Caumont, 116.
Caumont la Force, 106.
Cauvet de Blancheval, 41.
Cavan (de), 41.
Cavasso, 82.
Cavech, 128.
Cavelier (Antoine), 152.
Cavelier de Cuverville (de), 669.
Cavendish-Bentinck, 56.

Cavendish de Burlington, 416.
Caverson, 455.
Cavour (de), 536.
Cayeux, 173.
Cayeux (de), 508.
Caylus (de), 84, 570.
Cays, 466.
Cazal (siége de), 329.
Celle de Chateauclos (la), 626.
Cental de la Tour d'Aigues, 294.
Cepoy (de), 448.
Certaines (de), 459.
Certon (Pierre), 383.
Certon (de), 686.
Chabannes, 165.
Chabannes (de), 565.
Chaben, 327.
Chabert, 253.
Chabiel de Morière, 428.
Chabot (l'amiral), 53.
Chabot (François), 366.
Chabrillan (le comte de), 18.
Chabriol, 714.
Chabrol (de), 669.
Chabron de Solihac, 541.
Chaillot (de), 68.
Chaillouvres (de), 6.
Chalais (le prince de), 283.
Chalant, 336.
Chalençon (de), 417.
Châles, 44.
Challudet, 69.
Chalmers de Cults, 406.
Chalmers d'Auldbar, 666.
Chalmers de Gaitgarth, 618.
Chalons (de), 440.
Châlons-sur-Marne (hôtel des monnaies de), 356.
Châlons-sur-Marne (ville de), 65, 95.
Châlons-sur-Saône, (ville de), 348.
Chalot (de), 501.
Chambellan de Fougeray, de la Garenne, 420.
Chamberlain, 668.
Chambge (du), 257.
Chamborant, 235.
Chambord (comte de), 463.
Chambray (de), 327, 458.
Chambray (marquis de), 282.
Chambre (de la), 13.
Chambre (Philippe de la), 18.
Chambre de commerce de Bordeaux, 277.
Chambre de commerce de Picardie, 269.
Chambre des comptes du Dauphiné, 138.
Chambry de Troucenard, 440
Champ (du), 335.
Champagne (de), 671.
Champagne (Thibaut comte de), 240.
Champagneux (de), 532.
Champeaux (de), 76, 424, 482.
Champier (de), 340, 702.
Champier de Bionney (de), 627.
Champigny (de), 386.
Champigny (Bochart de), 157.
Champion de Cicé, 28.

Champion de Crespigny, 533.
Champlagards (de), 445.
Champneys, 611.
Chanaleilles, 40, 446, 447.
Chanaleilles (de), 110.
Chancel de la Grange, 45
Chandée, 162.
Chandié, 375.
Chandieu, 256.
Chandiot, 61.
Chandos (le duc de), 188.
Changy de Roussillon, 372.
Chanlecy, 363.
Chantal (de), 392, 490.
Chanu, 255.
Chapelain (l'académicien), 356.
Chapel de la Pacherie, 201.
Chapelle-Beaujeu (de la), 441.
Chapelle (la), 475
Chapelle de Molac (de la), 450.
Chapelles (le comte de), 174.
Chapelier (de), 387.
Chapellier, 283.
Chapitre de Saint-Martin-de-Salles, 744
Chappelaine, 10.
Chappo (de), 527.
Chapponay, 124.
Chappuis de la Rosière, 3.
Chappuys de la Fay, 447.
Chapt de Rastignac (le marquis de), 148.
Chapuys de Montlaville (de), 536.
Charbonneau 263.
Charbonnel du Bets, 146.
Charbonnier de la Tour, 576.
Charlé de Tyberchamps, 169.
Charlé de Waspich, 498.
Charles II, roi de Navarre, 79.
Charles VI, 93, 137, 160.
Charles VIII, 491, 656.
Charles IX, roi de France, 217, 248, 435.
Charles d'Orléans, 160.
Charles, duc de Bourbon, 243.
Charles de Bourbon (le cardinal), 26, 29, 324.
Charles de Lorraine, 138, 287, 377.
Charles duc de Savoie, 167.
Charles-le-Hardi, 163.
Charles-Philippe, duc de Sudermanie, 378.
Charles-Quint (l'empereur), 225, 250, 251, 354, 547, 626, 702.
Charles-le-Téméraire, 10, 64, 162, 163, 369.
Charles, roi de Suède, 379
Charles, sire de Croy, 301.
Charleton des Lys, 648.
Charleville (ville de), 312.
Charmasel, 106, 221.
Charnacé (hercule de), 242
Charnaye (de), 332, 693.
Charnel, 180.
Charny (de), 417.

Charny (Beaufremont de), 33.
Charolais (le comte de), 271.
Charpentier, 314.
Charpentier de Beauvillé, 295.
Charpin de Fougerolles, 150.
Charpy de Juigny (de), 548.
Charreton, 727.
Charrier, 46, 298.
Charrier Moissard (du), 702.
Charron (Jacques), 111.
Charruel de Goazouhallé, 574.
Charteris, 688.
Charteris d'Amysfield, 688.
Chartongne (de), 720.
Chartres (comtes de), 417.
Chartres (ville de), 127, 299.
Chartreux, 201.
Charuel, 39.
Chassant, 746.
Chassay, 379.
Chassebras, 328.
Chassepot de Beaumont, 208.
Chassey, 35, 484.
Chassignet, 318.
Chastanier de Boisset, 655.
Chaste ou Chatte, 417.
Chasteigner (de), 239.
Chasteignier de la Chasteigneraie (de), 402.
Chastel de Cambour (du), 527.
Chastel de la Howarderie (du), 522, 598.
Chastel (du), 64, 192, 307, 342, 352.
Chastel de Kerlec'h, 527.
Chastel de Mesle (du), 527.
Chastel de Tonquédec Trémazan (du), 527.
Chastelbrux, 106.
Chastelet, 260.
Chastelet-Vauvillers (Nicolas du), 310.
Chastelier (du), 221.
Chastellier (Jean), 363.
Chastellux, 459.
Chastellux (de), 713.
Chastenay (de), 360.
Chastenet de Puységur (de), 669.
Chastillon-Chemilla, 46.
Chastre (de la), 402.
Chastre (le duc de la), 24, 102.
Chat de Closneuf, (le), 528.
Chat de Kersaint (le), 193.
Chat de Lisandré (le), 528.
Chat de la Lande (le), 528.
Chat de Sainte-Croix (le), 528.
Chateaubodan (de), 665.
Chateaubriand (de), 418.
Châteaubriant, ou Châteaux-Briant, 165, 198.
Châteauchalon, 296.
Châteaufur (de), 27, 353.
Châteaugiron (de), 244, 588.
Châteauneuf-Randon, 46, 68.

Chateaurenard (ville de), 704.
Château-Thierry (ville de), 571.
Châteauvieux (Coucy-), 33.
Châteauviliain, 46, 64.
Chateauvillain (de), 421.
Chatel (du), 456.
Châtel (Tanneguy du), 481.
Châtillon (Gaucher de), 159, 329, 330.
Châtillon-Saint-Pol, 171.
Chaton, 19, 74.
Châtre (la), 11, 126.
Chatterton (baronnet), 184.
Chatterton, 520.
Chaubry de Troncenord, 457.
Chaudière (Pierre), 114.
Chaudière (Regnault), 364.
Chaudieu, 95.
Chauldey (Jean de), 15.
Chaumont d'Amboise, 15, 197.
Chaumont de la Galaisière, 418.
Chaumont de Quitry (de), 472.
Chauveau (de), 616.
Chauveau de Rochefort. 368.
Chauvenet (de), 455.
Chauveton, 71.
Chauvigny, 46.
Chauvigny de Gonvilliers (de), 699.
Chauvins de Beaulieu, 454.
Chauvyn (Charles), 41.
Chavannes de Rancé (de), 425.
Chavirey de Rocologne, 198.
Chayter de Croft-Hall, 470.
Chazelles de Lunac, 694.
Chefdebien, 448, 587, 736.
Chefdebien d'Armisson (de), 736.
Chef-du-Bois, 243.
Chelston (Louis de), 487.
Chéon (de), 736.
Chergé (de), 626.
Chermside, 545.
Cherois-Crommelin (La), 456.
Chéry (de), 418.
Chesnel, 508.
Chesnier du Chesne, 633.
Chetwind, 607.
Chetwynd de Grendon, 621.
Cheval de Fontenay, 94.
Chevalier, 499, 633, 682.
Chevalier (Etienne), 99.
Chevalier du Coudray, 201.
Chevaliers du Temple (ordre des), 222.
Chevanney, 5.
Chevau-légers (compagnie de), 42.
Chevau-légers de la garde, 657.
Chevau-légers de Bourgogne (compagnie des), 371.
Chevignard (Pierre), 189.
Chevillard, 165.
Chevriers, 398.

Cheylus (de), 105.
Cheyron (de), 420.
Chiel, 215, 232.
Chiens (des), 514.
Chifflet, 31, 281, 433.
Chifflot, 114
Child, 667
Chillaud de Fleux (de), 427.
Chinnery de Flintfield, 548.
Chinot de Fromessent (de), 511.
Chisholm d'Erchless Castle, 720.
Chissé, 332, 692.
Chissey (de), 120.
Chivalet, 181.
Choart de Buzanval, 619.
Cho seul, 367, 408.
Chonot-Bonne-de-Briel, 21.
Chopain de Seraincourt, 398.
Choul (de), 481.
Choz, Choux ou Chol, 532.
Chrestin, 121.
Chrétien, 87.
Chrétien de Saxe, 463.
Chrétienne de France, duchesse de Savoie, 250.
Christiani de Rall et Hernau, 153
Christiern II, roi de Danemarck, 653.
Christophle, 87
Christyn de Ribaucourt, 555.
Chute de Haux-Fall, 470.
Cibo, 714.
Cibon, 176.
Cillart de Surville (de), 538.
Cillart de la Villeneuve (de), 538.
Circourt de Gerauvilliers (de), 692.
Cirey (B. de), 158.
Cirey de Magny, 365.
Cischini (chevalier de), 108.
Citeaux (abbaye de), 617.
Clabaud, 196.
Clamwilliam (comte), 333.
Clanmorris, 668.
Clanricarde (marquis de), 347.
Clapier de Vauvenargues (de), 385.
Claret de Fleurieu, 419.
Clarges, 199.
Clarke, 234.
Claude de France (la reine), 39.
Clarke Travers, 548.
Claude de Lorraine, 30.
Clausse de Marchaumont, 669.
Clausthal (ville de), 678.
Claveson, 419, 672
Clay de Fulwell, 591.
Clayton, 607.
Clayton de Marden, 618, 732.
Clément VII de Médicis (le pape), 40.
Clément VIII (pape), 308, 627.
Cléments de Leitrim, 586.
Clerc de Juigné (le marquis Le), 33.

Clerc, 228.
Clerc de Franconville (Le), 324, 341.
Clerc de la Devèze (de), 365, 407, 737.
Clercq (Le), 403, 630.
Clérembaut de Vendeuil, 71.
Clermont, 48.
Clermont - Mont - Saint - Jean (de), 454.
Clermont-Tonnère, 48, 97, 309, 453, 659.
Clermont - Montoison, 393.
Cléron d'Haussonville (de), 312.
Cléry (de), 608.
Cless (Bernard), 384.
Clensiou (Raison du), 333.
Cleveland, 548.
Clifford, 733.
Clifford (le baron), 178.
Clifford de Chudleigh, 649.
Clifton (baronnet), 329.
Clifton de Clifton, 542.
Clinchamp de Bellegarde, 261.
Clinchamps (de,) 560.
Clinton Pelham Fiennes, 520.
Clisson (Olivier de), 76, 214, 247, 255.
Clocheville de Belle, 102.
Clopin (Jules), 220.
Clos de la Mollière (des), 638.
Clugny-Thenissey, 125.
Clyte (de la), 641.
Cobreville, 434.
Cockburn Campbell, 752, 723.
Cockayne Cullen, 732.
Cockburn de Langton, 723.
Cockburn de Ryslaw, 723.
Cochrane de Dundonald, 738.
Cocquelin, 663.
Coenen, 591.
Coëtancourt, 132.
Coëtanlem (de), 126.
Coetaudon (de), 334.
Coëtanscours (de), 9.
Coëtgourden (de), 147.
Coëtgourhedenc, 164.
Coëtivi (de), 259.
Coëtivy de Taillebourg, 409, 605.
Coëtjunval (de), 534.
Coëtléon, 141.
Coëtlez, 141.
Coëtlogon, 19.
Coëtlogon (de), 69.
Coëtlosquet (de), 122.
Coetmanach, 1.
Coëtmen, 133.
Coëtmen (de), 159.
Coëtmenec'h (de), 310.
Coëtmeur, 29.
Coëtmur, 27.
Coëtnempren, 95, 386.
Coëtnempren de Kersaint (de), 420.
Coëtquelven, 35.
Coëtquelven (de), 98.
Coëtquen (de), 270.
Coetrieux (de), 339, 700.
Coëtudavel, 285, 627.
Cœur (Jacques), 4.
Cœuret de Nesle (de), 594.
Coghen, 658.
Coghill de Coghill, 562.

Cohen, 235.
Coittier, 11.
Coke de Leicester, 613.
Colabau de Juliénas, 658.
Colas des Francs, 18, 343.
Colas de Jouy, 706.
Colas de Marolles, 706.
Colas de Mondru, 706.
Colas de la Noue, 706.
Colas des Ormeaux, 706.
Colas de Rocheplatte, 706.
Colas de Senneville, 706
Colbert, 245, 299.
Colbert-Chabannes, 245.
Colbert de Croissy, 590.
Colborne Seaton, 666.
Colebrooke de Gatton, 660.
Colet, 634.
Coligny, 163
Colinot de Mauny, 647.
Collas, 40, 70.
Collége des Grassins, 182.
Collet la Chasserie, 174.
Collin de Barizien, 420.
Collomb d'Arcine, 433.
Collongue (de), 486.
Colloredo Mansfeld (le prince de), 131.
Colomb, 90.
Colomb (Christophe), 253.
Colombet, 308.
Colombière (Vulson de la), 156, 255.
Colomnes (des), 423.
Colonges (Gilbert de), 177.
Colonna, 114, 704.
Colonna (Jérôme), 123.
Colonna (Marc-Antoine), 92.
Colonna Walewski, 349.
Colonne, 495.
Colonne (Marc-Antoine de), 209.
Colquhoum (baronnet), 307.
Colt de Leominster, 727.
Colvill (le baron), 237.
Comarque (de), 60.
Combaud, 37.
Combault (de), 499.
Combermere, 638.
Combrugghe, 737.
Combrugghe de Wever, 737.
Comhaire de Sprimont, 732.
Comeau (P.), 143, 155, 199, 304, 332.
Comerford, 660.
Commiers, 321, 421.
Commines (l'historien), 273, 292.
Commines (Jeanne de), 177.
Comminges, 92.
Comminges (de), 450.
Compasseur (le), 61.
Compasseur de Courtivron (le), 34, 258.
Compiègne (ville de), 281.
Compton de Hartbury, 557.
Compton de Northampton, 557.
Conceyl (de), 632.
Condé (de), 435, 520, 722.
Condé (le prince de), 612.
Condorcet (Caritat de), 40, 45.
Conen, 272.
Conen de la Higonnaye, 618.

Conen de Penlan, 618.
Conen de Prépéan, 618.
Conen de Rambelleville, 618.
Conen de Saint-André, 618.
Conen de Saint-Luc, 618.
Conen de Villebasse, 618.
Conen de la Villevesque, 618.
Congrève (baronnet), 247.
Congreve de Walton, 564.
Coniers (baron), 343.
Coninck, 673.
Coninck (de), 632.
Conrad de Witt, 398.
Constable de Rixall, 649, 679.
Constant, 342.
Constant (de), 423.
Constant de Rebecque, 156.
Constantin, 292.
Contades (de), 687.
Contamine, 347.
Contamine (de), 396, 549, 694.
Conte (Charles le), 215.
Conte des Graviers (le), 386.
Contes, 425.
Contes (de), 571.
Conyngham, 580.
Conyngham de Corthill, 580.
Conyngham de Glencairn, 580.
Conyngham de Milncraig, 580.
Cooper de Gadebridge, 555.
Coote de Ballyfin, 727.
Coote de Bellamont, 727.
Coote de Mountrath, 727.
Copley Lyndhurst, 706.
Coppieters't, 659.
Coppieters't Wallant, 659.
Coq de Bleville (le), 298.
Coq de la Fontaine (le), 382.
Coquille du Gommier, 397.
Corbeau, 406, 553.
Corbeau de Saint-Albin, 556.
Corbeau de Vaulserre, 556.
Corbeil (la société de l'Arquebuse de), 55.
Corberon (de), 608.
Corberon (Nicolas de), 20.
Corbet d'Adderley, 744.
Corbier (de), 536.
Corcelles (de), 602.
Corday-d'Armans (de), 423.
Corday d'Orbigny (de), 423.
Cordeliers, religieux de l'ordre de Saint-François, 132.
Cordes de Wandripont, 427.
Cordes-Watripont, 47.
Cordier de Bigars de la Londe (le), 481.
Cordon (de), 698.
Cordou, 337.
Cordoue, 106.
Corfey (comte de), 192.
Corgemon, 335.
Corgne (le), 315.
Corn (de), 74.
Cornara (Elena-Lucrezia), 96.

Cornelles (les sieurs de), 133.
Cornet (le comte de), 285.
Cornet de Grez, 468.
Cornet de Péissant, 468.
Cornets de Groot de Krayenburg, 635.
Cornille de Berghès, 751.
Cornillière (de la), 107.
Cornot de Cussy, 235.
Cornulier (de), 113.
Cornwall (baronnet), 176.
Coronini Cronberg, 627.
Corraro, 55.
Corre (le), 216.
Corrozet (Gilles), 251.
Corsant, 13.
Cos de la Hitte (du), 469.
Cosme de Médicis, 110, 398, 459, 644.
Cosnac (de), 550.
Cosnac de la Guesle, 550.
Cosne de Cardenville, 70.
Cospean, 584.
Cosquer (du), 35, 187.
Cossé de Brissac (maréchal de France), 37.
Cossé (Charles), 140.
Cossé (le maréchal Charles de), 104.
Cossé-Brissac, 7, 366, 367.
Cosse de Genêt (ordre de la), 99.
Cossin, 315.
Costa (J.-B.), 20, 312.
Costa de Beauregard, 432.
Costaing, 265.
Costant (de), 453.
Coston (de), 567.
Cotebrune (de), 390.
Cottereau, 34.
Cottereau (Laurent), 64.
Cottereau (Joseph). 361.
Cotterell, 566.
Cotterell de Garnons, 566.
Cotterie (Jacob de la), 310.
Cotton, 447.
Cotton Sheppard, 549.
Coucy (baron), 56.
Coucy (sires de), 499.
Coucy-Châteauvieux, 33, 56, 226, 248.
Coudray (chevalier du), 201.
Couët de Lorry (de), 518.
Couëtus (de), 252, 499.
Couldre de la Bretonnière (de la), 658.
Coulommiers (ville de), 266.
Coulon, 430.
Couper, 736.
Cour (la), 77.
Cour des monnaies, 241.
Courbonne (de), 458.
Courcel (de), 395.
Courcelles du Breuil (de), 424.
Courcillon (de), 737.
Courcillon de Dangeau, 737.
Courcy (de), 399, 727.
Courlet de Vrégille, 407, 457.
Cournau (du), 406.
Coursant, 56.
Courson (branche des), 173.
Court (de), 394.
Court (le), 181.
Court des Perrières (le), 512.
Court de la ville Thassetz (le), 512.

Courtenay de Devon, 622, 705.
Courteville de Hodicq, 255, 600.
Courtilloles (de), 565, 593.
Courtils de Bessy (des), 735.
Courtils de Merlemont (des), 735.
Courtils de Montbertoin (des), 735.
Courtin de Saint-Vincent, 466.
Courtois, 56.
Courtot de Cissey, 621.
Courval (de), 646.
Courvol (de), 573.
Cousin, 111.
Cousin-Montauban, 434.
Coussaye (de la), 241.
Coussemaker (de), 434.
Coussy (de), 525.
Coustant d'Yanville, 387.
Coutances (de), 54.
Couteaux, 655.
Coutellerie (de la), 427.
Couverture de livre, 326, 338, 346, 347.
Covet de Montriblond, 708.
Cowper, 704.
Coynart (de), 647.
Coysia (de), 593.
Cramailles, 26.
Cramezel (de), 110, 461.
Cranevelt, 724.
Cranstonn, 688.
Craon, 224.
Craven, 732.
Crawfurd Pollok de Kilbirnie, 658.
Crébillon, 167.
Créc'hquérault (de), 339, 701.
Créchquérault de Kéranglas, 701.
Créchquérault de Kérieuff, 701.
Créchquérault de Kérilleau, 701.
Créchquérault de Kerroyon, 701.
Créchquérault de Mescantoux, 701.
Crécy (de), 480.
Cremeaux, 652.
Crémorne (vicomte), 333.
Crénay (de), 402.
Créqui (de), 229, 387, 596, 620, 720.
Créqui (le cardinal Antoine de), 260.
Crescentio (de), 402.
Créton d'Estourmel, 353, 425.
Creton de Vaujuas, 486.
Crevant d'Humières, 180.
Crevecœur, 175.
Crewe, 651.
Crichton-Stuart, 557.
Crillon, 103.
Crœser de Bergues, 196.
Croft, 594.
Croft de Cowling Hall, 714.
Crofton, 640.
Crohin, 664.
Croisilles, 9.
Croismare (de), 421.
Croisy de Montalent, 164, 216.
Croix (de la), 109, 320.
Croix (Edme de la), 201.
Croix (H de la), 145.

Croix-Chevrières (la), 129, 148, 358.
Croix-Cocherelle (de la), 417.
Croix de Castrier (de la), 129.
Croix d'Azolette (de la), 488.
Croix de Dremetz (de), 426.
Croix-de-Sayve (la), 358.
Croix (la) de Tonignan, 4,
Croix de Saint-Vallier (la), 148.
Cromis de Stacumbrie, 505.
Crompton, 519.
Cromwel (Thomas), 106, 587.
Croonendael, 506.
Crosey (de) 242, 500.
Crossard (baron de), 6.
Crouy-Chanel (de), 500, 639.
Croy, 11, 59, 63, 164, 244, 257, 313, 314.
Croy (de), 496, 640.
Croy (Philippe de), 35, 83, 170, 237.
Croy de Chièvres (de), 665.
Croy-Dulmen (de), 594, 665
Croy d'Havré (de), 665.
Croy de Porcéan (de), 665.
Croy-Solre (de), 164, 665.
Croy (Charles, sire de), 301.
Croy (Guillaume de), 237.
Crozat, 59, 419.
Croze (de), 465.
Crozet (du), 397.
Croziers de Lacrivier, 637.
Cruisse (de), 427.
Crupilly, 312.
Crusca (l'académie della), 143.
Crussel, 407.
Cruyce (van), 488.
Cuffe de Desart, 734.
Cugnac, 150.
Cugnac (de), 421, 484.
Cugnon, 516.
Culant, 27.
Culembourg (de), 753.
Cullant, 569.
Cullum de Hawstead, 679.
Cuming-Gordon (baronnet), 56.
Cunibert (baron de), 298.
Cuningham Fairlie, 582.
Cupif (Nicolas), 172.
Curée de la Bedissière 392.
Curel (de), 502.
Curières de Castelnau (de), 429, 598.
Currie, 509, 734.
Curson Howe, 515.
Curti, 490.
Curtis de Gatcombe, 588.
Curwen de Workington, 656.
Curzon Scardale, 626.
Cusack (de), 88.
Cussy (de), 457.
Cust Brownlow, 578.
Custine (de), 458.
Cuvillier de Wissignicourt (de), 697.
Cuylen, 456.
Cuypers, 501, 555.

D

Daems (Petrus), 316.
Daillon (Jean de), 119.
Dalison de Loughton, 429.
Dallas de Petsal, 522.
Dalmas, 387, 417.
Dalmas (de), 399, 429.
Dalrymple Hay, 652.
Dalrymple Horn Elphinstone, 538.
Damas, 109.
Damas-Cormaillon (de), 95.
Damas-Crux (de), 95.
Damer de Dorchester, 702.
Damesme, 173.
Damian de Vernègues, 394.
Daminet, 422.
Damm, 695.
Damman d'Herines, 413.
Damoiseau (de). 726.
Dampierre (de), 641.
Dandé d'Alzon, 433.
Danes, 355, 394.
Danges (de), 6.
Danglade, 103.
Danican de Landivisiau, 595.
Daniel (archevêque), 266.
Danier de Modreeny, 727.
Dannemark (le roi de), 79, 266.
Dannenberg, 701.
Danyau, 614.
Darbon, 56.
Darboy (arch. de Paris), 505.
Dardenne, 461.
Dauchy, 199.
Dauphin (le grand), fils de Louis XIV, 156, 160.
Dauphin (le), fils de Louis XV, 227.
Dauphin et de Marie-Antoinette (mariage du), 246.
Dauphine (la grande), Anne-Marie-Christine, 153, 187, 227
Dauphine (Marie-Joseph de Saxe), 159, 175, 188, 190, 209, 227.
Dauphine (Marie-Thérèse d'Espagne), 242.
Dauphiné (chambre des comptes du), 138.
Davet de Beaurepaire, 387.
David, 184, 307.
Davie, 28.
Davis de Hollywood, 710,
Davoust, 169, 743.
Davy (L.), 33. 274.
Davy de Belloy, 414.
Davy de la Pailleterie, 496.
Dawnay de Downe, 690.
Dawson Damer de Portarlington, 745.
Dax (de), 431.
Deagent, 308.

Déan-Luigné, 360.
Déaugner (le), 78, 177.
Debelay (l'évêque), 509.
Déclane (comtes de), 274.
Decken d'Œrichsheil, 709.
Decroix, 639.
Deffand (du), 638.
Deken (von der), 607.
Delamare (Etienne), 269.
Delamare (J.-B.), 240.
Delamet, 419.
Delatre (Charles), 126.
Delaval (le baron de), 75.
Delawar (comte), 167.
Delebecque, 539.
D'Elbée, 154.
Delcey de Changey, 447.
Delherm de Novital, 577.
Del'h[illegible], 180.
Delley, 182.
Delphini (le cardinal), 259.
Delobé, 299.
Delpont-Saint-Sylvestre, 228
Del Sol, 475.
Demaine (Girard du), 59.
Demeuré, 629.
Demidoff, 387
Demont (le comte), 184.
Denis de la Mothe, 474.
Denman, 614.
Dentend. 653.
Derby, 509.
Derby-Stanley (comte), 290.
Dering, 687.
Derrien, 208.
Derval (de), 292, 641.
Desaubleaux, 468.
Des Bordes, 444.
Descartes, 617
Deschamps (Emile et Antoni), 117.
Desclabes, 47.
Desmaisières, 373.
Desmazières - Marchand, 637.
Despotots, 40.
Dessalles, 453, 476.
Dessey de Leiris, 259, 731.
Dessoffy de Cserneck, 260.
Dessole, 43.
Deudo, 578.
Deulneau, 436.
Deux-Siciles (royaume des), 525.
Devereux Hereford, 743.
Devèze (de la), 407.
Devoucoux (J.-S.-A.), 380.
Dexmier d'Archiac, 398.
Dezana (comtes de), 274.
Diane de Poitiers, 53, 311.
Dick, 614, 648.
Dick Cunyngham, 720.
Dick de Prestonfield, 720.
Didelot, 559.
Dienne (de), 439.
Diepenbroick, 550.
Dieppe (la justice consulaire de), 181.
Dieppe (le conseil des échevins de), 48.
Dieppe (société des cœurs-réunis de), 369.
Dieppe (ville de), 449.
Diert de Mélissant, 548.
Dieulleveult, 76.
Digard de Palcy, 660.
Digoine, 741.
Digoine du Palais (de), 743.

Dijols, 433.
Dijon (Chambre des comptes de), 153.
Dijon (musée de), 292.
Dijon (Parlement de), 230, 246, 296.
Dijon (Sainte Chapelle de), 134, 170.
Dijon (la ville de), 169, 200, 217, 266, 310, 312, 318, 348, 368.
Dillon, 30.
Dillon (baron de), 84.
Dinan, 133.
Dini, 517.
Dinteville (de), 445.
Dinteville (François), 367.
Dion de Vandonne, 73, 445.
Disimieu ou Disimieux, 143.
Dissimieu, 143.
Divezat (le), 314.
Dividis de Saint-Come, 444.
Dixie, 275.
Dohna, 583.
Dôle (Chambre des comptes de), 28.
Dôle (Parlement de), 248.
Dôle (la ville de), 169, 502, 629.
Dolhaim (de), 412.
Domet de Mont, 364.
Domville, 586.
Don de Newtondon, 561.
Doneraile (le vicomte), 133.
Donquer de T'serroéloffs, 253.
Doquin de Saint-Preux, 616.
Dorcières, 121.
Dorfner, 736.
Doria (André), 724.
Dorne, 102.
Doroz (Jean), 140.
Dortans, 196.
Douai (arbalétriers de) 126.
Douai (ville de), 445.
Double, 546.
Doublet de Persan, 424.
Douget de Kerdren, 180.
Douget (Le), 67.
Doughty Tichborne, 614.
Douglas (comte de), 161.
Douglas, 26, 81, 165, 446, 686, 747.
Douglas de Hamilton, 700.
Douglas Hamilton de Brandon, 688.
Douglas de Morton, 518.
Douhet (de), 729.
Douhet de Marlat (de), 392. 729.
Doullens (la ville de), 149.
Doussart, 178.
Douville 103.
Douville de Fransu, 456.
Douville de Maillefeu, 456.
Doyle, 119.
Doynée (Le), 69.
Drake, 655.
Drapiers de Paris (les), 349.
Drebber, 690.
Dréné (du), 143.
Drénec (du), 211.
Dresnay (du), 59, 88.
Dreux-Bretagne, 171.
Dreux (Madeleine d'Albret, comtesse de), 59.

Drouard (Ambroise), 20.
Drouard (Jérôme), 213.
Drujon de Beaulieu, 61, 428.
Drummond de Melfort, 239, 473, 689.
Drummond Strathallan, 519.
Druolles de Campagnolles, 681.
Du Bois, 446.
Duc (Le), 73.
Du Chêne, 441.
Duchesne, 248.
Duckett (baronnet), 166.
Duckinfield, 705.
Ducrest de Saint-Aubin, 391.
Ducrest de Villeneuve, 247.
Ducroc de Brassac, 443.
Dudley (le comte), 51.
Duerne de Damas (van), 409.
Duff de Fife, 739.
Du Gout d'Albret, 426.
Duguay-Trouin, 65.
Duguesclin (Bertrand), 64, 96, 214, 246.
Du Hamel, 451.
Duhesme, 685.
Duhoux de Vioménil (maréchal), 333.
Dulmen, 496.
Dumaitz de Goimpy, 58.
Dumas de Cultures, 190.
Dumas de Vavre, 470.
Du Mez, 447.
Dumoulin, 44.
Dumoulin (C.), 246.
Dunbar, 667.
Dunbar de Mochrum, 667.
Dunbar de Northfield, 579.
Duncan Haldane de Camperdown, 644.
Dundas (baronnet), 94.
Dundas Melville, 622.
Dunin Borkowski, 697.
Dunlop, 534.
Dunning, 674.
Dunois (de), 687.
Dunois (Jean, comte de), 218, 226, 231, 369.
Du Perrier, 453.
Du Pin de Saint-André, 388.
Dupont de Chavagnieu, 552.
Dupont-Labbé, 629.
Duprat, 315.
Du Prat de Viteaux, 425.
Dupré (Prosper), 171.
Dupuis, 80.
Dupuis de Bordes, 485.
Dupuy-Melgueil, 42.
Du Puy de Montbrun, 391.
Durand, 89, 459.
Durand (Georges), 89.
Durand de Dieulx, 648.
Durand de Mareuil, 450.
Durant (le cardinal), 198.
Durant, 422.
Duranti la Calade, 663.
Duranty, 443.
Durat (de), 448.
Durcet (de), 681.
Durestal (comte de) 307.
Duret, 448.
Durfort-Duras, 84.
Durfort (Raymond de), 306.
Durrant de Scottow, 503.
Du Sart du Bouland, 460.

Du Sart de Molambais, 460.
Dusseldorp de Superville, 663.
Dutrieu, 85.
Dutton Sherborne, 652.
Duval de Beaulieu, 110.
Duval de Blareyniel, 110.
Duval de Dampierre, 43.
Duval (Denis), 225.
Duval d'Espremesnil, 241.
Duval de l'Escaude, 66.
Duval (Etienne), 91.
Duval (Pierre), 179.
Du Val de Thaas, 415.
Du Vivier de Fay, 557.
Dyk, 261.
Dynevor (baron), 295, 553.
Dynioke de Scrivelsby, 611.

E

Eardley de Haldey, 667.
East (baronnet), 162.
Easthope, 505.
Eberard de Saint-Sulpice, 574, 654.
Echlin, 635.
Eckstein (d'), 710.
Ecosse, 609.
Ecravayat de la Barrière (d'), 608.
Eden, 659.
Eden d'Auckland, 653.
Eder de Beaumanoir, 181.
Edgeworth, 422.
Edme de la Croix, 201.
Edmonstone de Duntreath, 730.
Edouard Ier, 478.
Edouard III, roi d'Angleterre, 74.
Edwardes, 125, 632.
Edwards de Garth, 753.
Eger (le baron d'), 54.
Egerton de Bridgewater, 653.
Egerton Brownlow, 578.
Egerton d'Ellesmere, 653.
Egerton de Tatton, 653.
Egerton de Wilton, 742.
Eghlington (marquis d'), 125.
Eghlington (comte d'), 125.
Eglise de la Lande (l'), 646.
Egmont (Floris d'), 640.
Egmont (comte d'), 706.
Egremont (comte d'), 25.
Eichtal (d'), 454.
Elbène (d'), 87, 485.
Elbeuf (ville d'), 325, 336, 636.
Eléonor d'Autriche (reine), 346.
Eléonore (abbesse de Fontevrault), 484.

Elliott de Stobs, 588.
Elliot de Saint-Germans, 602.
Elisabeth de France, 450.
Elliot, 574.
Elliot Murray Kynym-nound, 674.
Elliott Murray, 562.
Ellis, lord Seaford, 566.
Ellis Agar Clifden, 563.
Ellis, lord Howard de Walden, 566.
Elphinstone de Sowerby, 649.
Elsevier (Daniel), 209.
Elsevier (Louis), 7, 52.
Elverdinghe (Etats des 8 paroisses, à), 137.
Ely (le comte d'), 258.
Eme de Saint-Julien, 361.
Eme de Saint-Julien et de Framont, 362.
Ende, 551.
Ende Hill de Brocke-Hall, 552.
Enfant de la Tandourie (l'), 403.
Enffans d'Avernas (des), 430.
Enffans de Ghyssignies (des), 741.
Engelbronner (d'), 738.
Engl de Wagrin, 723.
Enis d'Ater (le chevalier), 311.
Enskerque, 89.
Eon de Beaumont, 360.
Eon de l'Isle (d'), 724.
Epaules (Aux), 566.
Epée (lame d'), 154.
Epernon (le duc d'), 92.
Epernon (d'), 450.
Epine (de l'), 440.
Erard d'Hellenvilliers, 563.
Erasme, 42.
Erasme (d'), 425.
Erato (la muse), 162.
Erbach, 576.
Ere, 625.
Eric, roi de Suède, 378.
Erick, 654.
Eril de Krehlau, 603.
Erm (d'), 224.
Erme (d') ou Ermo (d'), 220.
Erranti de Bresce (les), 354.
Erskine (baronnet), 353.
Erskine, comte de Marr, 165.
Erskine (lord), 699.
Ertampe (d'), 733.
Ertborn, 669.
Esbarres (B. d'), 308.
Escaillon, 33, 433.
Escaillon (d'), 625.
Escalin des Aimars, 239.
Escauffours, 190, 526.
Esclaibes (d'), 397.
Esclaibes d'Hust (d'), 465.
Esclatière (l'), 412.
Escombès de Montlaur (d'), 730.
Esdrin, 664.
Esgrigny (Jouenne d'), 150, 248.
Eskeles (baron d'), 241.
Esmonde de Ballynastra, 525.
Esne, 145.
Espagne (royaume d'), 595.
Espagnet (d'), 564.

Espagnet (Jean d'), 243.
Espagnet (Jean), 316.
Espalungue d'Arros (d'), 388.
Espiennes (d'), 436.
Espinay de Durestal (d'), 283.
Espinay (J. marquis d'), 307.
Espinay (de l'), 299.
Espinay de Lage (d'),671.
Espinay de Mathefelon de Blaison (d'), 629.
Espinay Saint-Denis, 436.
Espinay Saint-Luc (d'), 577.
Espine (l'), 65, 437.
Espinoy, 409.
Espremesnil (Duval d'), 241.
Esquencourt (d'), 94.
Essertenne (d'), 410.
Est (Alphonse II, d'),349.
Estagny (d'), 691.
Estaing (d'), 691.
Estaing (Joachim d'),303.
Estaing de Saillant (d'), 302, 435.
Estavayé, 216.
Este (Louis, cardinal d'), 152.
Este (d'), 385.
Estey (d'), 69.
Estiaux (Bernard d'),139.
Estienne, 94, 475.
Estienne (d'), 424.
Estienne (Rob.), 395.
Estienne de Chaussegros de Lioux, 700.
Estienne de Saint-Jean, 465.
Estimbrieuc (d'), 159.
Estorff, 660.
Estouff, 29.
Estourbeillon (l'), 56,461.
Estriché-Baracé, 228, 570.
Estrix de Terbeek, 612.
Estuer de Saint-Mégrin (d'), 203.
Etats de l'Eglise, 570,637.
Etats de Provence (Trésoriers des), 179.
Etats des huit paroisses à Elverdinghe, 137.
Etendard (de l'), 579.
Eternac, 188.
Eternac (d'), 524.
Etoile (Ordre de l'), 199.
Etten, 683.
Eugène (prince), 203.
Eure (Société d'agriculture, sciences et arts de l'), 350.
Eurre, 377.
Euterpe (la 8e muse), 336.
Euvrard (B.), 154.
Evans Fresk Carbery,517.
Everts, 709.
Every d'Egginton, 680.
Evreux (Guillaume d'), 309.
Evreux (société de médecine d'), 381.
Exéa (d'), 455.
Expilly (Claude d'). 71, 382.
Eyre, 550.

F

Fablet de la Motte, 101.
Fabre de l'Aiguebelette, 460.
Fabry de la Barre, 414.
Fabry du Lys, 414.
Fachin (abbé), 423.
Facipecora (comte), 602.
Faculté de médecine de Paris, 348.
Fages, 154, 282.
Fages de Chasaux, 488.
Failly, 283.
Fairfax de Cameron, 458.
Falconer, 747.
Falconnet-André, 444.
Falcoz de Maleval, 6.
Falcoz, 298.
Falemy de Harpencourt, 108.
Fallet, 153.
Falletans (de), 344, 708.
Fallon, 610.
Falloux du Lis (Michel), 224.
Falret de Tuito, 394, 458.
Famars, 414.
Famin, 608.
Fane (vicomte). 552.
Fane de Salis, 608.
Fane de Westmoreland, 552.
Fannius Scholten, 594.
Farcy (de), 497.
Fardel (de), 489.
Fare (le cardinal de la), 186.
Farel, 606.
Fargues (de), 457.
Farnèse (Alexandre), 137.
Farnèse (Henri), 22.
Farquhar (baronnet), 195.
Farrington (baronnet), 176.
Fassion, 123.
Faubert (de), 536.
Fauche-Borel, 102.
Faucher, 290, 486.
Fauchet (Claude), 378.
Fauconberg (le comte de), 36.
Fauconnière, 271.
Facelque de Jonquières, 486.
Faure, 600, 694.
Faure (de), 481.
Faux, 329.
Favre, 106.
Favyn-Mipont, 202.
Fay (du), 103.
Faye (la), 585.
Fayel (du), 248.
Fayette-Gontier, 475.
Fayolle, 220, 282.
Fayolle de Mars (de), 686.
Fayolle la Tourne, 329.
Fayolles (de), 567.
Fayolles de Mellet, 666.
Feilden de Feniscowles, 735.
Feilding de Denbigh, 744.
Feillens (de), 713.
Féjoly de Vivy, 405.

Felix (les) du Piémont, 108.
Feltre (duc de), 234.
Fénaux de Moismont, 392
Fennick de Porquet, 505.
Fenwick, 590.
Ferrand, 220, 263.
Feraudy (de), 394.
Ferber (baron de), 369.
Fère-en-Tardenois (arquebusiers de), 539.
Feré de Peroux, 334.
Ferguson, 83.
Feron, 660, 665.
Feron d'Eterpigny (de), 451.
Féron de Ville (de), 451.
Ferrard, 444, 629.
Ferrari (de), 459.
Ferrers de Badderley, 671.
Ferrière, 307.
Ferron, 107, 293.
Ferron de la Ferronays, 150.
Ferrus, 111.
Ferry (Edme), 16.
Ferté (la), 45.
Feschal, 286.
Fetherston d'Ardagh, 748.
Fétherstonhangh de Bracklyn, 713.
Fettes, 148.
Feuardent (de), 507.
Feuardent d'Eculeville (de), 507.
Feuchères (de), 524.
Feuillens, 89.
Fevret (Charles), 53.
Fevret (Claude), 367.
Fevret, 421.
Feydeau de Lespon, 726.
Fialin de Persigny, 165.
Fiard, 313.
Ficquelmont, 571.
Fiennes, 22.
Fiennes-Pelham-Clinton, duc de Newcastle, 184.
Fieubet (de), 467.
Fievez, 637.
Fillau (Daniel), 374.
Fillet de la Curée, 506.
Filioli (P.), 55.
Filiolie de la Reymondie (de la), 462.
Filton, 676.
Fily, 131.
Finch Hatton de Winchilsea, 555, 736.
Finch de Nottingham, 555.
Fink de Finkenstein, 711.
Finlater (comte), 336.
Fisicat (de), 284
Fitz-Clarence de Munster, 548.
Fitzgerald de Castleishen, 653.
Fitzgerald de Leinster, 563.
Fitz Gérard Kenny, 686.
Fitzgibbon de Clare, 554.
Fitz-James (duc), 297.
Fitz-James (de), 579.
Fitz-Maurice de Kerry, 740.
Fitz-Maurice de Lansdowne, 740.
Fitzmaurice d'Orkney, 688, 700.
Fizelet de Beaumont, 537.
Flaghac (de), 510.
Flamands du 13e siècle, 22.
Flandre (comte de), 464.

Flavines (de). 513.
Flavy (les sirs de), 133.
Fleming (de), 586.
Fleming comte de Wigton, 515.
Fletcher Boughey, 547.
Fletcher de Clea Hall, 528.
Fleuranges (de), 626.
Fleurant d'Argouges, 223.
Fleury (de) 439, 440, 443.
Fleutelot, (R.), 119, 128.
Flocquette (de), 476.
Flolkes de Hillington, 606.
Floquet (du), 664.
Flore (Congrégation des religieux de), 489.
Florenville, 426.
Floris, 114.
Floris d'Albignac (de), 465.
Florisone (de), 571.
Florit de la Tour, 440.
Flotte (de), 336.
Flower Ashbrook. 532.
Flower de Lobb, 591.
Floyd, 157.
Flusin, 68.
Fodros, 491.
Foix (comtes de), 226.
Foix (le duc de), 183.
Foix (François de), 234.
Foix (Gaston de), 79, 178, 202.
Foix (Pierre, cardinal de), 300.
Foix (Odet de), 81.
Foix (Phœbus de), 331.
Foix de Saint-Maurice, 502.
Folarton (de), 454.
Foley de Kidderminster, 711.
Folin (de), 115.
Folkes (baronnet), 260, 274.
Folkington (de), 732.
Folleville (les sieurs de), 194.
Follin de Vézin (de), 481.
Fons (la), 29.
Font (la), de Savines, 167.
Fontaine Solare (de la), 684.
Fontaine Walincourt(de), 751.
Fontanges, 334, 694.
Fontonay-le-Comte (ville de), 465.
Forbes, 127, 568, 751.
Forbes de Craigievar, 751.
Forbes de Pitsligo, 549.
Forcalquier (de), 421.
Forcioni-Conti, 724.
Ford d'Ember, 577.
Forest (de la), 105, 252.
Forest (du), 752.
Forest (Vincent), 74.
Foresta (de), 398.
Forest de Divonne (de la), 334.
Forester, 646, 666.
Forey (la), 184.
Forges (de), 242.
Fornel de la Laurencie, 508.
Forrest de Comiston, 748.
Forstall 487.
Fortescue (le baron), 116.
Fortia (de), 703.
Fortia de Piles (de), 703.
Fortia d'Urban (de), 340, 703.

Forton (de), 462.
Fosse (de la), 287.
Fosse de Kerdieuc (de la), 634.
Fossez (du), 52.
Foster, 738.
Foster Skeffington Massereene, 588.
Fou (du), 75.
Fouant de Tombelles, 677.
Foucault (de), 236.
Fouchécour (de), 695.
Foucher, 589.
Foucher de Careil, 366.
Foucquet de Belle-Isle, 276.
Foucquet (la famille), 276.
Foucquet (le surintendant), 276.
Foudras, 323.
Foulis, 561.
Foullon, 75.
Foulquier (J.-A.-M.), 302.
Fouquet (Louis), 212.
Fouquet (de), 602.
Fourc de Laneau (du), 323.
Fourmestraux de Saint-Denis (de), 455.
Fourneret (P.), 98.
Fournier, 208.
Fowell de Fowellscombe, 565.
Fownshend, 81.
Foyal, 363.
Foyelle, 479.
Framboisière (de la), 461.
Framécourt (de), 363.
Framond de Montelli, 520.
France (de), 465.
France (Catherine de), 145.
France (Chrétienne de), duchesse de Savoie, 250.
France (Gaston de), 122.
France (le grand-dauphin de), fils de Louis XIV, 60.
France (Marguerite de), 15, 283, 284.
France (monnaies de), 9.
France (les rois de), 47, 182.
France (la reine Claude de), 39.
Franchet d'Esperey, 640.
Franchet de Rans, 181.
François Ier, roi de France, 197, 226, 231.
François II, 155, 285, 655, 728.
François d'Alençon, 8.
François, duc d'Anjou, 50, 134.
François, dauphin, depuis François II, 38.
François Phebus, 79.
François, roi d'Ecosse (le Dauphin), 348.
Francs fiefs de Bourgogne (chambre des), 322.
Frankland de Thirkelby, 516.
Franquetot de Coigny (de), 599, 603.
Fransures (de), 390.
Frasans (J. de), 81, 96, 112, 115, 132, 170, 208, 247, 260, 266, 284, 492.
Fraser (baronnet), 166.
Frédéric d'Aragon, roi de Naples, 279.
Frederick, 605.

Freeling de Ford, 572.
Freemantle (baron de), 339.
Frégosse (de), 557.
Frémin du Sartel, 463, 466.
Fremiot (N.), 157, 305, 325.
French, 525.
French de Freyne, 525.
Frères mineurs (les), 132.
Freshfield, 558.
Fresnais, 342.
Fresnay (du), 88.
Fresnay de Lévin (de), 704.
Fresne de Beaucourt (du), 471.
Fressies, 92, 451.
Frignet des Préaux, 636.
Froidefond du Chatenet de Florian, 484.
Froissard (de), 652.
Froissart de Broissia (de), 620.
Froment de Castille, 457.
Frossard, 437.
Frotté (de), 608.
Frotter (le), 213.
Frotter d'Augécourt (le), 554.
Frotter de la Garenne (le), 554.
Frotter de Greigneux, 554.
Frotter de Guignefol (le), 555.
Frotter de Keranfrotter (le), 555.
Frotter de Lesvern (le), 555.
Frotter de Poulmestre (le), 555.
Frotter de Villermoro (le), 555.
Frotter de Villeplessix (le), 555.
Frottur de Bagneux, 571.
Froulay de Tessé, 264.
Froullay-de-Tessé (Françoise-Gabrielle de), 84.
Fruglaye (de la), 69, 237, 436.
Frusasque (de), 619.
Fugger (prince de), 127.
Fuller Acland Hood, 754.
Fuller Eliott Drake, 588, 595, 655.
Fuller Palmer Acland, 581.
Fumée (Paul et), 148.
Fumel (de), 706.
Furstemberg, 98, 468.
Fuzelier (le), 473.
Fyot, 89.
Fyot d'Arbois, 112.
Fyot de Barain, 84.

G

Gabets (des), 415.
Gac (le), 304, 364.
Gache (Grégoire de la), 293, 641.

Gadenstaedt, 647.
Gaëdon, 243, 268.
Gaësdon, 243, 268.
Gaetani, 531.
Gaétano, 531.
Gage (vicomte), 56.
Gagliano, 394.
Gagne, 279.
Gagon, 386.
Gaigne, 420.
Gaigne d'Ornée, 58, 151.
Gaigneau de Châteaumorand, 275.
Gailhac, 87.
Gaillard, 148.
Gaillard (de), 734.
Gaillard de Baccarat, 70.
Gaillard de Collonge, 734.
Gainsborough (comte), 335.
Gairal de Sérézin, 645.
Galard (de), 390.
Galard de Béarn, 67.
Galard de Béarn de Brassac (de), 495.
Galbert (de), 611.
Galien, 603.
Galitzin, 626.
Galles (prince de), 142.
Galles (Jacques, prince de), 233.
Galléan, 1, 298.
Galliant, 555.
Gallien, 262.
Gallifet (de), 410.
Galois de Sales, 379.
Galz de Malvirade (de), 422.
Galzain de Calsins, 464.
Galwey, 709, 727, 728.
Gamaches, 124.
Gamaches (les de), 228.
Gamon, 363.
Ganay, 223.
Gand (de), 292.
Gand de Vilain, 473.
Gannat (ville de), 573.
Gantes, 361.
Gantès d'Ablainsevelle, 215, 650.
Gantheaume d'Ille, 514.
Ganvignon, 591.
Garaby de Pierrepont, 535.
Garaudé (de), 473.
Garay (de), 408.
Gardagne (de), 454.
Gardiner de Blessington, 555.
Gardner, 713.
Gargiolli, 707.
Garinet, 212.
Garnier, 239, 419, 425, 634.
Garnier de Faltans, 301.
Garnier des Garetz, 423.
Garo (du), 268.
Gascoigne Cécil de Salisbury, 651.
Gaskiere, 528.
Gasquet (de), 599.
Gassion (de), 204, 546.
Gassion de Coing (de), 546.
Gaspern (du), 88, 274.
Gastinaire (de), 361.
Gaston, duc d'Anjou, 92, 197, 206, 210, 218, 281, 300, 330.
Gaston (Jean), duc de Toscane, 57.
Gaston de Foix, 79, 202, 424.
Gaston Phœbus, 475.
Gaucher de Châtillon, 159, 497.

Gaucourt, 48, 425.
Gaude de Martainville, 45.
Gaudechart (de), 747.
Gaudot, 55.
Gaudot de Mauroy, 239.
Gaullier de la Grandière, 728.
Gaultier, 58.
Gaultier de Giranton du Castelat (Paul), 345.
Gauthier, 3.
Gauthier de Poulladou, 417.
Gavre, 125.
Gavrier de Vergennes, 279.
Gay, 91.
Gay de Marnoz, 91.
Gayola, 570.
Gayardon (de), 361, 720.
Gayardon Fenoyl, 449.
Gaze de Rouvray, 309.
Geer, 224.
Geffroy de Kérespertz, 748.
Geffroy de la Villeblanche, 748.
Gelieu (de), 229.
Gélis (de), 448.
Gellée de Premion, 306.
Gemmrich de Neuberg, 577.
Gendarmes anglais, 342, 704.
Gendarmes de Berry, 355.
Gendarmes de Bourgogne, 339.
Gendarmes écossais, 152.
Gendarmes de Flandre (étendard des), 207.
Gendarmes et chevau-légers d'Aquitaine (compagnie des), 365.
Gendarmes et chevau-légers-Dauphins (compagnie de), 323.
Gendarmes et chevau-légers de la reine Marie-Thérèse, 301.
Gendarmes et chevau-légers d'Orléans, 13.
Gendre d'Onz-en-Bray (Le), 617.
Génibrousse de Castelpers (de), 647.
Génin, 492, 628.
Genlis (Mme de), 391.
Gennes (de), 416, 634, 649.
Genoux, 557.
Gensoul, 441.
Gentil, 82.
Gentil (de), 431.
Gentil (Le), 125, 314.
Geoffre de Chabrignac (de), 501.
Geoffrin, 676.
Geoffroy de Villeneuve, 703.
Geoffroy, 290, 703.
Geofroy, 464, 513.
Georges d'Amboise, 205.
Geramb (baron de), 360.
Gérard (baronnet), 88.
Gérard de Campagne, 468.
Gérard de Mielet van Coehorn, ~~162~~ 102
Gérault de Langalerie, 725.
Gerbais, 307, 309.
Gerbé de Maillère, 490.
Gérente (de), 670.
Gères (de), 470.
Gères de Vacquer, 470.
Gericke de Herwynen, 504.

Gérin (de), 420.
Germain (le comte), 168.
Germigney (de), 87.
Gérus de la Borie (de), 412.
Gevaerts, 592.
Gervais, 126.
Gervay (baron de), 126.
Gévaudan (de), 59.
Gevers, 648.
Ghaisne de Bourmont (de), 391, 692.
Giac, 441, 653.
Gibbes, 329.
Gibertés, 262.
Gibertes (de), 602.
Gibon, 297.
Gibson Carmichael, 693.
Gibson de Keirhill, 582.
Gibsone (le baron de), 48.
Gidrol (de), 480.
Gié (le maréchal de), 11, 74.
Giey (de), 620.
Gifford, 567.
Gigault de Bellefont, 706.
Gigord (de), 746.
Gilart, 66, 97.
Gilbert, 525.
Gilbert de Colonges, 177.
Gilier, 118.
Gillart de Kermaingny, 198.
Gillès, 486.
Gilles (Nicole), 345.
Gilles Corrozet, 487.
Gillès de Pelichy, 486.
Gillet (P.), 360.
Gillon, 69.
Gillon de Basseghem (Le), 423.
Ginestous, 317.
Ginestous de Montaulieu (de), 466.
Ginestous de la Tourette (de), 466.
Ginestous de Vernon, 466.
Ginestoux (de), 549.
Giovanelli de Gastburg (baron), 111.
Girard de Chateauneuf de Labatisse, 669.
Girard de Colombettes, 667.
Girardin (de), 705.
Giraud de la Bigestière, 68, 214.
Giraud de Montbellet, 453.
Giraud de Ranzay, 556.
Gissac (de), 393.
Gissey (François de), 4.
Givry (le cardinal de), 2.
Glandèves, 684.
Glarges, 637.
Glé, 35.
Gléon, 23, 28.
Goalès (Le), 104.
Goblet d'Alviella, 658.
Godart de Belbeuf, 114.
Godefroy de Bouillon, 402, 442.
Goddes de Varennes (de), 552.
Goderie (de), 475.
Godet (Jean), 204.
Godet de Mondézert, 464.
Godet de Thuillet, 464.
Godin (de), 482.
Godinot, 637.
Godran (Chrétien), 34.
Goesbriand (de), 450.
Goësbriant (de), 75.
Goët, 595.
Goethals, 486.

Goethem, 689
Gognies (de), 413.
Gohory de la Tour, 317.
Goislard, 8, 402.
Goldsmid de Palmeira, 619.
Goltz, 745.
Gomart, 570.
Gombert (de), 317.
Gombert de Bailleul (de), 657.
Gomez de la Cortina, 449, 458.
Gondereul, 418.
Gondt, 451.
Gondy (Jean-François-Paul de), 224.
Gouidec (Le), 115, 158.
Gonidec de Kerliviry (Le), 176.
Gonsaga (Vincent), 653.
Gontaut (Armand de), 245.
Gontaut-Biron, 57, 415, 428, 516, 561.
Gonthier, 17.
Gonzague (Ferrante de), 747.
Gonzague (de), 593.
Gonzague (Julie de), 222.
Gonzague (Hercule de), 172.
Gonzague (Louis de), 274.
Gonzague (Marie de), 347.
Gonzague (Vincent de), 78.
Gonzagues (Charles de), 208.
Goodere de Burhope, 598.
Gorcey-Longuyon (c^te), 190.
Gordon d'Aberdeen, 550.
Gordon, 550, 655.
Gordon d'Aboyne, 672.
Gordon-Cumming, 639.
Gapdon de Huntley, 672.
Gore, 661.
Gore Booth de Lissadell, 621.
Gorgenou, 335.
Gorgot, 553.
Gormanston (vicomte), 293.
Gorrevod (Charles de), 255.
Gorrevod de Pont de Vaux, 600.
Gossin de Souilly, 492.
Goth de Rouillac (de), 621.
Gotho ou Gotto, 386.
Gouay, 346.
Goudelin, 167.
Gough, 683.
Gougny (de), 564.
Goujon de Thuysy, 292, 731.
Goulaine (de), 64.
Goulaines, 3.
Goulard de l'Ecusson, 391.
Gounoncourt (de) 596.
Goupillière de Dollon, 241.
Gourcy-Droitaumont (c^te de), 190.
Gourdon de Genouillac, 496, 549.
Gourio, 75.
Gournay, 450.
Goussencourt (de), 525, 724.
Gouvello (de), 119.
Goux (de), 291.
Goux (Pierre le), 149.

Gouy, 475.
Gouyon, 60.
Gouyon de Beaufort (de), 517.
Gouz (C. le), 176.
Gouz (G. le), 62.
Gouzabatz (de), 346.
Gouzillon (de), 292.
Gouzven, 25.
Goyon (de), 503.
Goyon de Matignon, 138, 182, 528, 740.
Gozon, 179, 446.
Gozzadini, 630.
Gozzy, 306.
Grace de Courtstown, 451.
Graffenried de Villars, 457.
Graham, 625.
Graham de Netherby, 625.
Graincourt, 289.
Graisivaudan (de), 387.
Gramoist (de), 432.
Grammont, 183.
Grammont-Granges (de), 73.
Grammont de Vacheres, 21.
Gramont (de), 443.
Gramont de Guiche (de), 519.
Gramont de Lesparre, 519.
Granard-Forbes (comte de), 243.
Grand Dauphin (le fils de Louis XIV, 60.
Grand de Bélussière (de), 651.
Grand de Belussière de Luxalière, 642.
Grand de Souchey (le), 618.
Grand de Vaux (le), 618.
Grandière (de la), 614.
Grandpré, 17.
Granery, 384.
Grange (Pierre de la), 53.
Grange (la), 153.
Granges (de), 412.
Granson, 19.
Grant de Ballindalloch, 692.
Grant de Dalvey, 684.
Grant Glenelg, 631, 672.
Grant de Monymusk, 680.
Grant-Ogilvie de Seafield, 672.
Grant Suttie de Balgone, 569.
Grant de Vaux, 686.
Grante (de), 686.
Granvelle (le cardinal de), 54, 85, 150, 305.
Granvelle (chancelier de), 305.
Granvelle (Perrenot de), 305.
Granville, 630.
Gras, 370.
Gras (de), 318, 394.
Gras du Luart (le), 382.
Gras de Preville, 648.
Grasse, 36, 264.
Grasse (de), 445.
Grasset (de), 557.
Grasset de Langeac, 429.
Grassin (de), 436.
Grassins (collége des), 182.
Gratet du Souchage (de), 694.
Gratiani (le), 217.
Gratz (de), 318.
Grave (de), 389.

Graveran, 354.
Graves (lord), 376.
Graves Sawle de Penrice, 594.
Gravoil du Tertre, 439.
Gray (ville de), 456.
Grazeley (de), 548.
Grêaulme (de), 414, 493.
Grebert, 133.
Grécourt (de), 424.
Grée (de la), 150.
Green de Saint Mabsault (de), 625.
Grégoire XVI, 432.
Grégoire de la Gache, 293.
Greis (de), 425.
Grelle (le), 569.
Grenoble (ville de), 656.
Grenus (de), 233.
Gresley, 193.
Gresley de Nether-Seale, 530.
Gresnier de Montgaillard (de), 480.
Greville de Brooke, 748.
Grey, 14.
Grey (de), 616.
Grey Egerton, 742.
Grey de Kent, 672.
Grey (baronnet), 64.
Grez (de), 710.
Gribaldi, 251.
Griffin Braybrooke, 552, 727.
Grignan (Adhémar de), 47.
Grignart, 90.
Grignart de Champsavoy, 315, 669.
Grille, 215.
Grilles, 382.
Grimaldi, 68.
Grimaud-Becque ou Bégue, 156.
Grimonville (de), 690.
Grimston de Verulam, 529.
Gringore (Pierre), 383.
Gris (le), 31.
Grise, 376.
Grise (de), 31.
Grobineau (de), 525.
Grœnincx de Zoelen, 585.
Groin (le), 75.
Grolée, 116, 445.
Grolée (de), 500.
Grolée (Aymond de), 340.
Grolée (Louis de), 283.
Grolée-Bressieu, 452.
Grolleau (François), 261.
Grollier d'Agnisy, 429, 681.
Grollier, 545.
Grollier (de), 638.
Grollier (J.), 253, 390.
Gros, 389, 491.
Gros (de), 351.
Grosbois (de), 528, 595.
Gros-Denet (du), 458.
Grospain, 104.
Grosvenor Ebury, 733.
Grosvenor de Westminster, 733.
Grote de Schauen, 709.
Grouchy, 32.
Grouy-Chanel, 290.
Gruel, 341.
Gruel de la Mothe Gruel, 704.
Gruthuse (de), 250.
Gruyer, 420.
Grunthise (de), 250.
Gualès (le), 104.
Guay (du), 109.

Guébriant (Budes de), 324.
Guéhéneuc, 210.
Guemper (de), 88.
Guengat (de), 339, 699.
Guénébault, 731.
Guénet (de), 499.
Guer (de), 309.
Guerin, 156.
Guérin de Frontigné, 673.
Guérin du Cayla (de), 877.
Guérin de la Rousselière, 673.
Guernisac (de), 243, 259.
Guerry (de), 399.
Guesclin (du), 569.
Guesnet, 341.
Guesnet (de), 704.
Guet (du), 722.
Guetaut (de), 453.
Gueydon (de), 454.
Gueydon de Dives (de), 454.
Guezdanowich (baron de), 118.
Guffon (de), 440.
Guicaznou (de), 75.
Guiche (le marquis de la), 27.
Guiche et de l'Esparre (de), 432.
Guichenon, 110.
Guichon, 412.
Gui de la Villette (le), 404.
Guiffrey de Boutières, 141, 636.
Guignard de Saint-Priest, 116.
Guignard de Saint-Priest d'Almazan, 452.
Guigneraie (de la), 519.
Guillain de Banville (de), 715.
Guillard, 149.
Guillart d'Espichellière (Louis), 263, 359.
Guillaumanches de Boscage, 147, 148, 230, 476.
Guillaume de Nassau, 403.
Guillaume, duc de Saxe, 338.
Guillaume (P.), 341.
Guillaume II, roi d'Angleterre, 262.
Guillaume III, roi d'Angleterre, 164.
Guillaume V, marquis de Montferrat, 344.
Guillebon (de), 497.
Guillemin, 279, 513.
Guillemot de la Rivière, 446.
Guillimadec (de), 133, 292.
Guillin d'Avenas, 483.
Guillon de la Chaux, 535.
Guillot de Goulat (Humbert), 256.
Guillou de Bochécat, 513.
Guinsonnas (de), 48.
Guiomar, 270.
Guiramaud de Sadolet, 45.
Guise (le cardinal de), 136.
Guise, 152, 344.
Guise (Henri de Lorraine, duc de), 233.
Guise (de), 417.
Guiry (de), 608.
Guitaud-Comminges, 350.
Guiton, 73.
Guiton (de), 76.
Guizot, 183, 719.
Gumöens de Granson, 396, 719.

Gundling (baron de), 97.
Gusman de Médina, 514.
Gustave-Adolphe, roi de Suède, 379.
Guy de La Londe, 412.
Guyard de Saint-Cheron, 648.
Guyard de Saint-Julien de Walsee, 621.
Guymard (Jean de), 502.
Guynot de Boismenu, 516.
Guyomar, 258.
Guyon ou Guion, 369.
Guyon de Geis de Pampelonne, 745.
Guyot d'Amfreville, 129.
Guyot de Montpayroux, 619.
Guyot de la Pommeraye, 505.

H

Hacklana, 542.
Haersolte, 577.
Haget de Vernon (du), 480, 630.
Hahn, 606.
Haie (de la), 447.
Hake, 555.
Halanzy, 14.
Haldenbergh van der Borch, 535.
Halegoët (du), 171.
Hales de Beaksbourne, 745.
Halford de Wistow, 543.
Hall, 551.
Hall de Leanover, 559.
Hall de Llanover, 553.
Halma, 20.
Hallwin, 278.
Halyburton d'Egliscairnie, 751.
Halyburton de Halyburton, 751.
Halyburton de Newmains, 751.
Halyburton de Pitcur, 751.
Hamel, 25.
Hamel (du), 334, 481.
Hamel de Milly (du), 579.
Hamel-Bellenglise-de-Grand-Ruttecourt (de), 274.
Hamelaers (Jean), 234.
Hamelaincourt, 643.
Hamilton, 209, 258, 310, 688.
Hamilton (les), 331.
Hamilton (lord Bargany), 500.
Hamilton de Barnton, 688.
Hamilton Belhaven, 632.
Hamilton d'Abercorn, 688.
Hamilton de Haddington, 603.
Hamilton Limerick, 616.
Hamilton de Preston, 640.
Hamilton de Rosehal, 636.
Hamilton de Silverton Hill, 688.

Hamilton de Trebinshun, 688.
Hamilton de Wesport, 388.
Hamme (van), 628.
Hammer Purgstall, 643, 653.
Hammerstein d'Equord, 665.
Hammerstein de Gresmold, 587.
Hamon, 88, 133.
Hamond, 582, 651.
Hampson de Taplow, 572.
Hanache (Alexandre d'), 240.
Hanbury. Tracy Sudeley, 532.
Handcock Castlemaine, 724.
Hangest (les sieurs de), 133
Hangest d'Yvoy, 455.
Hanmer, 125.
Hanmer (baronnet), 125.
Hannequin, 55.
Hano Venger, 552.
Hanovre (royaume de), 325, 573.
Hansler, 642.
Happlincourt, 37.
Harcourt, 256, 354.
Harcourt-Beuvron (d'), 474.
Harcourt (le comte d'), 176.
Harcourt (le chevalier d'), 136.
Hardenbrock, 648.
Hardicourt (de), 133.
Hardinge, 532, 593, 598.
Hardivilliers (Pierre d'), 59.
Hardouin de Perellxe de Beaumont, 349.
Hardy (le), 205.
Hardy de Famars (le), 546.
Hardy du Marais, 404, 546.
Hardy de Rengles (le), 543.
Hare de Listowel, 575.
Hare de Stow Bardolph, 568.
Hare de Stow Hall, 568.
Hareland, 590.
Harenc de la Condamine, 227.
Harenne, 675.
Hargeville (d'), 443, 677.
Harley d'Oxford, 738.
Harling, 715.
Harrington, 216.
Harris, 544.
Harris, comte de Malmesbury, 164, 705.
Harscouët, 90, 139.
Harsy (Olivier de), 98.
Harty, 525.
Hartwell, 664.
Harvant (d'), 435.
Harvey-Hawke, 674.
Haspres, 751.
Hastel (Barthélemy d'), 275.
Hastings, 728.
Hatton de Gretton, 736.
Hatzfeldt de Trachenberg, 731.
Hauchin (de), 540.
Haucourt (de), 751.
Haugwitz, 745.
Hault de Lassus, 570.
Hausse (de la), 315, 639.

Haussy (de), 477, 541.
Haut (de la), 432.
Hauteclocque (de), 578, 637.
Hautecourt (Vincent d') et de Tournon, 175.
Hautefort (de), 14, 395.
Hautefort, 116.
Hautcrive (d'), 496.
Hauteville (de), 571.
Hautier de Villemontée, 204.
Hautoy (du), 468.
Hâvre (ville du), 573.
Hawkins Whitshed, 613.
Hawkins Whitshed de Killincarrich, 517.
Hawkins de Trewithan, 608.
Hawley de Duncannon, 677.
Haxthausen (comte de), 269.
Hay d'Alderstone, 525.
Hay Carr d'Errold, 652.
Hay du Chastelet, 424.
Hay Drummond de Kinnoull, 629.
Hay de Haystoun, 610.
Hay de Linplum, 525.
Hay de Lourmeau, 629.
Hay de Nétumières, 403, 690.
Hay de Park, 652.
Hay de Slade, 652.
Hay de Tweeddale, 665.
Haye (Jean de la), 380.
Haye Passavant (de la), 584.
Hayter, 720.
Hazlerigg, 607.
Head, 674.
Hébert, 719.
Hébrail (d'), 449.
Hecquet (Philippe), 199.
Hector des Marais, 406, 577.
Heder (le), 134.
Hedouville, 332.
Hédouville (de), 692.
Hein, 722.
Heincaert, 380.
Heinsius (Daniel), 268.
Heldewier, 593.
Heliand (d'), 607, 671.
Helias d'Huddeghem, 729.
Hell (de), 164.
Hélory de Kergarrec, 403.
Hélory de Kermartin, 403.
Hely Hutchinson de Donoughmore, 642.
Hemery, 292.
Hémery de Beaulieu, 18.
Hemricourt de Grunne, 173, 477.
Henault (Guillaume de), 98.
Henin de Cuvilers, 211.
Hénissart (d'), 512.
Henley, 659.
Henley Ongley, 535.
Henley de Northington, 661.
Hennecart, 553.
Hennequin, 531.
Hennin, 433.
Hennin-Liétard, 653.
Hennessy, 747.
Hennequin de Villermont, 669.
Henri II, 80, 123, 151, 151, 257, 312, 593.
Henri III, 166, 190, 316, 531.

Henri IV, 9, 49, 67, 84, 101, 124, 132, 157, 192, 200, 235, 258, 270, 278, 294, 319, 359, 368, 375, 707, 708.
Henri V d'Autriche, 542.
Henry VII, roi d'Angleterre, 552, 635.
Henri VIII, roi d'Angleterre, 5[illegible].
Henri, 280.
Henri de Bourbon, 46, 47.
Henri, dauphin, duc de Bretagne, depuis Henri II, 80, 351.
Henri de la Tour, duc de Bouillon, 63.
Henri, duc d'Anjou, 132, 141, 154, 212, 233, 331.
Henri, duc de Montpensier, 8.
Henri Farnèse, 22.
Henri de Lorraine, 233.
Henri (N.), 101.
Henris de la Motte, 333.
Henry, 290.
Henry, comte d'Altessan, 330.
Henrys, 613.
Hensaff, 192, 307, 528.
Hepburne Scott Polwarth, 629, 700.
Héral, 210.
Herbert de Carnavon, 707.
Herbert Rathkeal, 707.
Herbert de Torrington, 658
Hercule, duc d'Anjou, 50.
Héréal (de), 650.
Herecques (d'), 613.
Hereford, 741.
Héricart de Thury, 220, 543.
Hérisson (d'), 620.
Hermite (Tristan l'), 259.
Héron, 21.
Héron de Chipchase, 555.
Héron Maxwell de Springkell, 631.
Hersart du Buron, 98.
Herschel, 419.
Hertaing (de), 446.
Hervé, 251.
Hervé de Saint-Denis, 573.
Hervey comte de Bristol, 165.
Hesecques de Héricourt, 392.
Hesketh Fleetwod, 622.
Heslin, 674.
Hessing (de), 103.
Heuchin, 464.
Heudons, 716.
Heugot, 751.
Heureux (d'), 586.
Heusch (de), 492.
Hewet, 552.
Hewet de Headly, 552.
Hewet de Netherseale, 552.
Hibon (de), 439.
Hibon de Campsart (de), 443.
Hibon de Mervoy, 642.
Hickman, 693.
Hicks Beach, 695.
Hiérosme (d'), 674.
Hill Trevor de Dungannon, 618.
Hill de Brooke, 551.
Hill de Downshire, 551.
Hill, marquis de Downshire, 589.
Hillary, 742.
Hillary de Dumbury, 742.

Hiller (baron de), 118.
Hillerin (de), 440.
Hinckaert, 527.
Hindreuff (du), 135.
Hinnisdal (d'), 537.
Hinton (le vicomte), 125.
Hion, 432.
Hippisley de Yatton, 564.
Hippisley de Warfield, 564.
His de Butenval, 551.
Hoare d'Annabelle, 716.
Hobhouse Broughton, 670.
Hoboken 654.
Hoche (de), 396.
Hoche (Lazare), 284.
Hochepied Larpent, 579.
Hocron, 751.
Hodenberg, 544.
Hodos (baron de), 299.
Hodson de Holybrooke, 587.
Hoeegerus, 719.
Hœufft, 578.
Hœvender, 556.
Hoffêr, 563.
Hoffer d'Ankershofen, 613.
Hogel-Müller, 19.
Hogendorp, 546, 549.
Hogton (baronnet), 189.
Hohenhausen deHochaus, 510.
Hohenlohe (de), 100.
Holland (baron), 102.
Hollande, 7:4.
Holle, 677.
Holler, 5.
Holroyd de Sheeffild, 617.
Holstein (Christine d'), 379.
Holvoet, 525.
Holyo ake Goodricke, 636.
Home de Blackadder, 744.
Hongrie, (Léopold 1, roi de), 724.
Honnecourt (de), 575.
Honorati (comte d'), 180.
Hont (d'), 429.
Honywood, 576.
Hood, 716,
Hood de Bridport, 672.
Hoogenhouck Tulleken, 630.
Hooghe de la Gaugerie (de), 558.
Hooke de l'Etang, 656.
Hope de Kerse, 670.
Hope de Kirklistoun, 667.
Hopfer de Schott (baron), 364.
Hôpital (chancelier l'). 306.
Horéal (de), 511.
Horne, 700.
Horsley Beresford, 556.
Hospital (l'), 298.
Hoste, 416.
Hotham, 511.
Housse (de), 471.
Houx (du). 120.
Houx de Varangelles, 496.
Howard, (comte de Suffolk), 226.
Howard (lord), 733.
Howard de Wicklow, 652.
Howard de Carlisle, 749.
Howard d'Effingham, 733.
Howard de Norfolk, 662.
Howard de Suffolk, 566.
Howell-Thurlow, 623.

Howth (comte), 270.
Hozier (les d'), 129.
Hozier (d'), 95.
Huart (d'), 538.
Hubert, 19.
Huchet de la Bédoyère, 482.
Hue de Caligny, 388, 427.
Hue de Carpiquet de Bougy, 426.
Huc de Mathan, 404.
Hughes Dinorben, 632.
Hugo de Seelze, 622.
Hugues (d'), 658.
Huguet de Semonville (le marquis), 39.
Huissiers-Commissaires-priseurs de Paris, 86.
Hulton, 533.
Humbert (N.), 98, 195.
Humbert (E.), 99, 294; 330.
Humbert, 643.
Hume de Cherizy, 109.
Hume Campbell de Marchmont. 700.
Hume de Hume, 700.
Humoristes (les), 285.
Hunter Blair, 723.
Huon, 24, 89, 327, 332.
Huon de Vesclay, 425.
Huon de Kermadec, 394.
Hupais de Salienne (d'), 430.
Hurais d'Estrains (d'), 483.
Hurault de Saint-Denis, 500.
Hurault de Vibraye, 500.
Huraut de Cheverny, 43.
Huré (Sébastien), 254.
Hurtado de Mendoza, 406.
Husarzewski, 626.
Hussey-Beaulieu, 423.
Hutteau d'Origny, 68.
Huughe, 568.
Huughe de Peutevin, 568.
Huybert (de), 750.
Huyssen de Kattendijke, 549.
Huytens, 578.
Huyttens, 554.
Hyde de Rochester, 665.
Hyndford (comte), 333.

Ibbetson, 748.
Icher (d'), 384.
Igny (d'), 300, 459.
Ilbert, 570.
Ilchester (le comte d'), 102.
Illiers (le comte d'), 252.
Imbert de la Platière, 210.
Imbyze de Batenburg, 656, 660, 664.
Incitati (les) à Rome, 63.
Inglio (d'), 626.
Inglis de Cramond, 557.
Inglis de Milton-Bryan, 557, 626.
InnesdeBalveney, 610, 657

Innes Kerr de Rosburgh, 607.
Inkey de Pallin, 714.
Inquisition, 101.
Irlande (royaume d'), 478.
Irton d'Irton, 646.
Irwine, 675.
Irwing, 662.
Isham de Lamport, 578, 580.
Isle (de l'), 471, 518.
Isnard, 301.
Isnard (d'), 510, 660.
Isnards (des), 618.
Isoard (le cardinal duc d'), 186.
Iweins, 646.

J

Jackson, 525.
Jacob, 100, 239.
Jacobé de Goncourt, 683.
Jacobé de Soulanges, 683.
Jacobi-Klöst (baron de), 311.
Jacobi du Vallon. 731.
Jacobson de la Crosnière, 753.
Jacquemet, 36.
Jacques II, roi d'Angleterre, 60.
Jacques III, roi d'Angleterre, 50, 78, 280, 363.
Jacques V, roi d'Ecosse, 709.
Jacques, prince de Galles, 191, 233, 275.
Jacquinot (J.), 75.
Jaerens, 453.
Jaklooff (comte de), 70.
Jaladon de la Barre, 409.
Jalerango (de), 705.
Jaliet de la Verroullière, 6.
James, 608.
James (baronnet), 162.
James (de), 497.
Jamoigne, 592.
Jannel, 124, 160.
Jannon (Ph.), 84.
Janvre de Bernay, 400, 542.
Janvre de la Bouchetière, 400, 542.
Janvre de Lestortière, 400, 492, 542.
Janvre de la Moussière, 492, 542.
Janzé (de), 451.
Jardin (du), 695.
Jargeau-sur-Loire (ville de), 182.
Jarniot (Henri de), 65.
Jas, 286.
Jassand, 186.
Jassaud (de), 425.
Jasson (de), 498.
Jean II, d'Anjou, 168.
Jean, duc de Bedfort, 24.
Jean, duc de Berri, 236, 310.

Jean de Bourgogne (le duc) 136.
Jean, comte de Dunois, 218.
Jean sans Peur, 164.
Jeanne d'Arc, 158, 527, 627.
Jeanne Ire, reine de Sicile, 271.
Jeanne II, reine de Sicile, 169.
Jegou, 208.
Jehannot de Bartillat, 699.
Jeinsen, 535.
Jellachich de Buzim, 674.
Jenisson, 93.
Jenkinson Hawkesbury, 582.
Jenkinson de Liverpool, 581.
Jeoffrigny (de), 543.
Jeoffroy(Louis-François), 62.
Jephson, 717.
Jephson Norreys de Mallow, 520.
Jerningham, 730.
Jerphanion (de), 449.
Jervis de Saint-Vincent, 689.
Jervis White Jervis, 716
Jessé Charleval (de) 548, 549.
Jésuites (les) 6, 23, 222.
Jetzer (le baron), 139.
Jeune de la Furjonnière (Le), 229.
Jobert, 481, 745.
Jodrell, 567.
Johnson, 545, 572, 582, 720.
Johnson d'Annandale, 572.
Johnston de Johnston, 746.
Johnstone de Westerhall, 572.
Joinville (de), 501, 611.
Jol (de), 483.
Joliclerc, 455.
Jolivet de Liancourt, 399.
Jollife de Merstham, 682.
Joly, 30, 188.
Joly (Esme), 188, 303, 304.
Joly de Cintré, 333.
Joly (J.), 213, 260.
Joly de Choin, 6.
Joly de Fleury, 524.
Joly de Maizeroy, 49.
Jombert du Larmet (de), 499.
Joncquoy (du), 577.
Jones, 528.
Jonghe (de), 470.
Jordan, 495.
Jordan de Chassagny, 495.
Jordan de Puyfols, 495.
Jordan de Sury, 495.
Josse de Lalain, 641.
Jossé-Lauvrains, 123.
Jost (Jean), 342.
Jouan, 90.
Joubert (de), 577.
Joubin, 501.
Jouenne d'Esgrigny, 150, 248.
Jouffray, 185.
Jouffroy (de), 60.
Jouffroy d'Albans (de), 730.

Jouffroy-Gonsans, 422.
Jourda de Vaux de Foletier (de), 608.
Jourdain, 300.
Jourdan (de), 444.
Jourdan (J.-B.), 497.
Jourdan de Fleins, 576.
Journe, 75.
Journel (de), 438.
Joursanvault (Gaze de), 309.
Joux (de), 63, 594.
Jovin, 439.
Jovyac, 102.
Jubié, 143.
Juch (du), 35, 175.
Juchiquin (comte), 360.
Jude de la Rivière de la Judie, 540.
Juglet de Lormage, 568.
Jugnot, 8.
Juguimbert, 112.
Juigne Béné (de), 638.
Julieu de Roquetaillade 702.
Juliers (Province de), 478.
Jumièges (abbaye de), 639.
Junot d'Abrantès, 97.
Jussieu (de), 593.
Justice consulaire de Dieppe (la), 181.

K

Kahle (de), 321.
Karnebeck, 575.
Karuel, 234.
Kavanagk (de), 193.
Kay, 295.
Kaye, 536.
Kearne, 546.
Keith-Falconer, 615.
Keith de Ludquhairn, 629.
Keith, lord Dingwall, 531.
Keller, 713.
Kemp de Gissing, 521.
Kennedy, 31.
Kennedy de Clowburn, 562, 729.
Kensington (lord), 125.
Kensington (le baron), 125.
KenyondeGredington, 523
Keppel d'Albemarle, 546.
Ker d'Ancrum, 695.
Keraëret (de), 238, 268.
Kéralbaud (de), 670.
Keralio (de), 364.
Keramanach (de), 183.
Kerampuil (de), 536.
Kerancouat, 66.
Keranflec'h (de), 254.
Kerangars de Crec'hoariou (de), 695.
Kérangarz de Belair (de), 695.
Kerangarz de Pénalan (de), 695.
Kérangarz de Penendreff (de), 695.

Kerangarz de Roudouziel, 695.
Kérangonez Coetmen, 620.
Keranguen, 184.
Keranguen (de), 172, 258.
Keranguen de Fanin (de), 506.
Keranguen de la Forest (de), 506.
Keranguen de Fransic (de), 506.
Kéranguen de Kerdélan (de), 506.
Kéranguen de Kervasdoué (de), 506.
Keranguen de Mescouez (de), 506.
Keranlouet (de), 20, 87.
Keranraiz (de), 278.
Keratry (de), 125.
Kerautret (de), 192.
Kerckhove, 90.
Kerckhove (de), 722.
Kerckhove de Steen-voorde (de), 722.
Kerempnil (la maison de), 272.
Kerénec (de), 75.
Kerengarz (de), 335.
Kérérault (de), 196, 200.
Kergado-Molac, 380.
Kergariou (de), 25, 175.
Kerglas (de), 508.
Kergœt (de), 600.
Kergoët (de), 87, 88, 305.
Kergolay, 32.
Kergorlay, 139.
Kergorlay (de), 10, 503.
Kergroadez, 88.
Kergos (de), 10, 201.
Kergournadec'h, 46, 89.
Kergroas, 88.
Kergroas de Penvern, 450.
Kerguelen (de), 355.
Kerguelen de Kerbiquet (de), 718.
Kerguélen de Kersaint (de), 718.
Kerguelen du Mendy (de), 718.
Kerguélen de Trémarec (de), 718.
Kerguern (de), 351.
Kerguer-Mendu, 351.
Kerguisiau de Kerbiriou (de), 668.
Kerguisiau de Keranliou (de), 668.
Kerguisiau (de) de Kéravel de Kerestat, 668.
Kerguiziau de Kervasdoné (de), 668.
Kerguiziau de Penfeld (de), 668.
Kerguiziau de Quijac, 668.
Kerguiziau (de), 315.
Kerguz (de), 371.
Kerhœnt (de), 75, 324.
Kerhœnt de Coëtenfao, 88.
Kerhœnt de Kergournadec, 88, 527.
Kerjar (de), 143, 280.
Kerlec'h (de), 192, 307.
Kerliver (de), 193.
Kerliviry, 373.
Kerliviry (de), 158.
Kerloaguen (de), 291.
Kerlouët (de), 87.
Kerlouet (de) ou Keranlouet, 19.
Kerman, 76.
Kermartin, 24.
Kermavan, 72, 76.
Kermavan (de), 81, 285.

Kermel du Plessix (de), 403.
Kermelec, 33.
Kermeidic (de), 338.
Kermenguy (de), 337.
Kermenguy du Roslan (de), 697.
Kermenguy de Saint-Laurent (de), 697.
Kerméno (de), 208.
Kermoriai, 313.
Kermorvan (de), 300.
Kernafflen (de), 88.
Keroas, 21.
Kerouartz (de), 268, 335.
Kerouzère, 183.
Kerouzeré (de), 173, 508.
Kérouzy (de), 255.
Kerr de Lothian, 651.
Kerret (de), 300, 331, 457.
Kerriec (de), 238, 268.
Kerrison (baronnet), 286.
Kerroz (de), 127, 129.
Kersaintgilly (de), 114.
Kersaliou (de), 337.
Kersauson (de), 143, 258.
Kerseboom, 588.
Kerssenbrock, 701.
Keruër (de), 256.
Kervenozael (de), 451.
Kéryvon du Cosquer, 651.
King, 670.
King de Kingston, 670.
King Lorton, 670.
King de Lovelace, 505.
King, baron d'Ockham, 259.
Kilmaine (baron), 323.
Kinnaird, 592, 619.
Kinnaud, 501.
Kirschot, 737.
Kirvan (de), 150.
Kisdia (baron de), 299.
Klein (le comte), 139.
Klencke de Hamelschenburg, 564.
Knesebeck, 689.
Knight Luxborough, 683.
Knowles, 649.
Knox de Ranfurly, 542.
Knyphausen, 717.
Kolowrat Liebsteinsky, 609.
Kospoth, 615.
Kotschubey (comte), 87.
Kray Shuttleworth, 614.
Krufft (baron de), 118.
Kuesbeck, 700.
Kuffeler, 739.
Kurtzrock Wellingsbüttel, 629.
Kyrle, 564.

L

La Barthe (de), 434.
Labastide (de), 595.
Labatut, 404.
La Baume de Suze (de), 392.
Labay de Viela, 492.
Labbé de Champgrand, 422
Labbé de Grand de Briancourt, 642.

Labbey de Billy, 308.
Label de Lambel (de), 731.
Labina, 68.
Labina de Baussen, 68.
Labonnefon (de), 655.
La Borderie (de), 464.
Labotte (N.), 220.
Labrone, 61, 154.
Labrunerie (de), 498.
Lac (du), 670.
La Caille de Sainte-Blaise (de), 450.
Lacon, 607.
Lacoste de Belcastel, 427.
La Cour de Balleroy, 480.
Lacy (comte de), 196.
Ladislas, 405.
Ladouve, 289.
La Fare de la Coste (de), 522.
La Fare de la Salle (de), 522.
La Fare de la Tour (de), 522.
Laffan d'Otham, 727.
Laflont de Rieubarby, 574.
La Fontaine-Soliers (de), 389.
Laforest de Minotty (de), 545.
Laforey (baronnet), 184.
Lagadec (le), 252.
La Garde (de), 463.
Lageard (de), 402.
Lagger de Camplong, 15.
Lagrelette (de), 492.
Lahausse (de), 439.
Lahouze de Basquiat, 24.
Laidet (de), 702.
Laincel (de), 623.
Laigue, 87.
Lairade (de), 496.
Laisné, 308.
Laisné (de), 658, 707.
Laizer de Siaugeat, 24.
Lake (baronnet), 343.
Lalain (de), 682.
Lalaing, 293.
Lalaing (Charles de), 27.
Lalleman de Vaite, 623.
Lallemand (de), 417.
Lallemand (Charles), 247.
Lally-Tollendal, 154.
Lally-Tollendal (Th.-A. comte de), 169.
Lalys de Maraval (de), 744.
La Marlière (de), 494.
Lamartine (de), 11.
Le Mazuyer, 696.
Lamb Beauvale, 738.
Lamb de Burville, 516.
Lamb Melbourne, 738.
Lambart de Cavan, 711.
Lambert, 296, 651.
Lambert (de), 575, 729.
Lambert, duc d'Emyrne, 601.
Lambert de Saint-Céran, 464.
Lambertye (de), 457.
Lambilly (de), 596.
Lambron de Lignim, 329, 685.
Lambton, comte de Durham, 177.
Lameth, 216, 292.
Lameth (de), 560, 641.
Lamiré (de), 368.
Lamley Savile de Scarborough, 543.
Lamoignon, 86.

Lamothe, 155.
Lamothe-Baracé, 177.
La Motte, 414, 423.
Lamoureux de Chaumont, 523, 646.
Lamquet (de), 507.
Lamy de la Chapelle-Jourdan, 398.
Lance (de La), 476.
Lance de Moranville (La) 430, 479.
Lancelot, 401, 509.
Lancelot de la Taille, 221.
Lancquesaing, 731.
Lancrau (de), 487.
Lancrau de Bréon (de) 488.
Landam, 595.
Landas, 509.
Landes (Noël des), 66.
Landi, 676.
Landreau (F.-C.), 20.
Landriot (Mgr), 582.
Lanet de la Garde-Giron (de), 549.
Langdale Bickersteth, 680.
Langevin de Pontaumont, 434.
Langham, 548.
Langlois d'Estaintot, 474.
Langlois de Septenville, 312.
Langueouez (de), 725.
Lanjuinais (de), 441.
Lannes (duc de Montebello), 497.
Lannion (de), 258.
Lannion (la ville de), 176.
Lannoi (Raoul de) 57.
Lannois, 371.
Lannoy (Raoul de) 56.
Lannoy de Sulmone, 195.
Lanrivinen (de), 94.
Lantin, 204.
Lantivy (de) 271.
Lanuzouarn (de), 90.
La Palu (de), 477.
Lapasse (de) 395.
Laplanche, 112.
Laplanche d'Aunay, 746.
Laporte, 29.
La Porte, 696.
Laqueuille (de), 400, 485.
Larabit, 480.
Larcher, 177.
Lardenois de Ville, 121.
Larderel (de), 481.
Larieu (de), 510, 645.
Larieu de Bessas (de), 510, 645.
Larieu de Mauléon-Barousse (de), 510, 645.
Larnage (de), 699.
Larochefoucauld (de), 418.
La Roque (de), 390.
La Rousselière-Clouard, 442.
Larrey, 516.
Larrey (Aché de), 33.
Larry de la Tour (de), 608.
Lart de Bordeneuve (de), 424.
Lary de la Tour (de), 448.
Lascaris, 175.
Lascazes, 298.
Laschamp (de), 626.
Lassus (de), 439.
Latier de Bayanne (de), 257.

La Tour d'Auvergne, 534.
Latour Dumoulin, 582.
La Tour (Marie de), 438.
La Tour-Saint-Lupicin (de), 401.
Lattier, 173.
Lattre (de), 308.
Lac d'Allemans (du), 713.
Lauder, 703, 710.
Lauger, 740.
Laugier (de), 562.
Laugier de Beaurecueil, 356.
Laugier de Bellecourt, 562.
Laugier de Villars, 562.
Laulanie (de), 533.
Laumônier, 178.
Launay, 509.
Launay (de), 255, 310, 524, 697.
Launay de la Balluère (de), 697.
Launay de la Mothaye, 697.
Launay d'Onglée (de), 697.
Launoy (de), 492.
Laure (la belle), 358.
Laurencie de Charras (de la), 715.
Laurencin (de), 185.
Laurencin (la Maison de), 186.
Laurencin de Chanzé, 253.
Laurès de Meux (de), 471.
Laurière-Pompadour (le marquis de), 189, 524.
Laus de Boissy, 743.
Laussat (de), 477.
Lautrec, 81.
Lauzanne (de), 39.
Laval, 315.
Laval (André de), 257.
Laval (Gui de), 131.
Lavalette (Louis de la), duc d'Epernon, 48.
Lavan (de), 711.
Lavaulx-Vrecourt (comte de), 336.
Lavaur (de), 749.
La Vega, 406.
Lavergne (de), 684.
Laverne, 133, 261, 290, 322, 350.
Lavernet (de), 647.
Lavie, 598.
Law d'Ellenborough, 541.
Law de Lauriston (le marquis), 206, 565.
Lawless Concurry, 739
Lawley-Wenlock, 501.
Lawoestine, 380, 541.
Lawrence, 552.
Lawson, 179.
Lawson de Brayton, 621.
Lawson d'Isell, 621.
Laye (la famille de), 376.
Layn Wittgenstein Berleburg, 530.
Layn-Wittgenstein-Hohenstein, 530.
Layrolle (l'abbé de), 74.
Lazé, 238.
Léane (de), 412.
Le Bailly de Marlop, 410, 737.
Le Bar de Courmon, 715.
Le Bar de Girangy, 715.
Le Bar du Plessis, 715.

Le Bastard de Kergniffinec, 438.
Libert de Pape, 589.
Le Bigot des Jonchères, 695.
Le Bigot de Kergariou, 695.
Le Bigot de Lourmel, 695.
Le Bigot de Morognes, 695.
Le Bigot de Pontbodin, 695.
Le Bigot de Préameneu, 695.
Le Bigot de Villandry, 695.
Le Blanc, 409.
Le Blanc de Prunier, 679.
Le Blanc de Rouvière, 707.
Le Blond de Boispoussin, 691.
Lebœuf, 576.
Leborgne, 199.
Le Brun de Miraumont, 467.
Lebzeltern, 727.
Le Camus, 399.
Léchassier de Méry (de), 499.
Le Boulleur de Courlon, 666.
Leclerc, 45.
Le Clerc de Bussy, 437.
Le Clerc de Franconville, 704.
Leclerc de Juigné, 4, 33, 409.
Lecointre de Marcillac, 195.
Le Court de la Ville Thassetz, 419.
Leczinska (Marie), 697.
Leczinsky (Stanislas), roi de Pologne, 229.
Le Doyen, 431.
Lee, 385.
Lée (de), 355.
Lee de Hartwell, 719.
Leeds de Croxton, 725.
Leene (van den) 621.
Lees, 99.
Lefebure, 17, 479.
Lefébure de la Douchamps, 370.
Lefebvre, 96, 420.
Lefebvre-Graintheville, 12, 212.
Le Feuvre d'Ouvigne, 437.
Lefèvre d'Anbromat, 700.
Lefèvre de la Fautradière, 65.
Lefèvre de la Maillardière, 42.
Leforestier, 117.
Le Fuzelier, 406.
Legard, 245.
Legendre d'Onsembray, 398.
Le Gentil de Paroy, 676.
Legge, 190.
Le Gonidec de Traissan, 753.
Legrand, 157.
Legras de Charost, 672.
Le Gras de Vaubercy, 669.
Le Hollier, 686.
Lehon, 567.
Leicester, 339, 701.
Leicester (le comte de), 82.

Leicester de Tabley, 683.
Leigh Kingsdown, 698.
Leigneux (chapitre de), 519.
Leigonye de Rangouge, 363.
Leiningen, 545.
Lejeune de Malherbe, 145.
Lejoyant de la Croix, 474.
Lelarge de Lourdoneix, 646.
Lelieur, 82.
Le Maistre de Sacy, 405.
Le Maistre de Tonnerre, 436, 440.
Le maître de Ferrières. 17.
Lemaye de Moyseau, 270, 615.
Lemede, 561.
Le Meneust de Bréquigny, 710.
Lemercier, 674.
Les Mées, 435.
Lemps, 179.
Lemyre, 273.
Leneuf de Sourdeval, 572.
Lenez de Cotty de Brécourt, 486.
Lenfernat (de), 273.
Lennox, 90.
Lenoir, 564.
Lenoir-Laroche, 400.
Lenoir de la Roche (le comte), 12.
Lénoncourt (de), 513.
Lenoncourt (Robert, cardinal de), 151.
Lens (de), 474.
Lenthe, 513.
Lentilhac, 222.
Léon X (le Pape), 359.
Léonard, 503.
Léonard (Imprimeur du roi), 466.
Leontieff, 544.
Le Pellerin de Saint-Loup, 433.
Le Poer Trench de Clancarty, 452.
Le Prestre de Bourgneuf, 627.
Le Prévost du Barail, 749.
Le Prévost de Basserode, 407, 429.
Le Prévost du Bois de la Haye, 749.
Le Ray de Chaumont, 646.
Le Rungette, 635.
Lescoat (de), 188, 226.
Lescoët de Lesquiffiou, 715.
Lescouët (de), 188, 192, 226.
Lescourt, 282.
Lesens de Folleville, 111.
Leslie, 672.
Leslie Melville de Leven, 612.
Leslie de Nowark, 590.
Lespervez (de), 579.
Lespinasse (de), 290, 641.
Lesquiffiou (de), 259, 270.
Lestaubière (de), 626.
Lestrange, 369.
Lesval, 318.
Letellier de Souvré de Louvois, 530.
Lethbridge, 669.
Lethbridge de Sandhill, 669, 701.
Letonnelier de Breteuil, 207, 208.

Leuchtemberg, 30.
Leuriot, 424.
Leusse, 57, 578.
Levachoff, 741.
Leval, 85.
Levasseur, 373.
Levavasseur, 117.
Lévêque de Vilmorin, 533.
Lévêque de Varanval (de), 508.
Levesou de Vesins(J.-A.), 128.
Lévesque (de), 454.
Levesque de Puiberneau, 471.
Levi - Vantadour (Anne de), 179, 321.
Levinge, 571, 719.
Levis, 85.
Levis-Mirepoix, 22.
Leviston (de), 179, 314.
Levoyer d'Argenson, 189.
Le Voyer de Gripel, 402.
Ley, 500.
Ley de Marlborough, 726.
Leyden de Wesbarendrecht, 549.
Leyen (prince de la), 346.
Lezay-Marnésia (de), 178.
Lezormel, 177.
L'Hermitte (de), 605.
L'Hermitte de la Rivière (de), 605.
Liancourt, 180.
Liancourt (de), 516.
Liath de Jeude, 556.
Libault, 262.
Lichnowski (prince de), 222.
Lichy (de), 417.
Lichy de Lichy, 405.
Liddell Ravensworth, 709.
Liedekerke, 440.
Liébant, 677.
Liegnières (de), 181.
Lielaut, 610.
Liévin (de), 414.
Lievin-Famars, 637.
Lièvre de la Grange (le), 547.
Lignaud de Lussac, 723.
Ligne, 621.
Ligne (de), 685, 693.
Lignerac (Robert de), 84.
Liguières (de), 517.
Lillebonne, 216.
Lillebonne (de), 506.
Limminghe, 708.
Limonier (le), 116.
Lindeman Just. 548.
Lindsay (de), 518.
Linglois, 171.
Linguet, 431.
Linsingen, 670.
Liotaud du Serre, 306.
Lionne de Leissens (de), 294, 486.
Lippincott, 644.
L'Isle (de), 3.
Lislory (de), 602.
Lisola, 301.
Lissac de la Borie (de), 434.
Lister Ribblesdale, 631.
Liston Foulis, 533, 564, 689.
Littelton (baron de), 345.
Livingston, 307, 314.
Lobineau, 320.
Lobkowitz, 597.
Lockhart (baronnet), 55, 298.
Lockyer, 644.

Lococh, 720.
Loftus, 520.
Loftus (vicomte), 283.
Loftus d'Ely, 604.
Löhneysen, 588.
Loir, 439.
Loisie (E. de), 313.
Loisier (Jean), 77.
Lombart de Bussières, 589.
Lombeton des Essarts (de), 386.
Loménie de Brienne (de), 597.
Long (de), 628.
Longueau de Saint-Michel, 439.
Longueil (de), 581.
Longueval (de), 451.
Longueval-Bucquoy, 81.
Longueville, 20.
Longvilliers (les sieurs de), 183.
Lonlay (de), 463.
Lonsart, 414.
Loon, 749.
Looz Corswarem de Merdop, 600.
Looz Corswarem (de), 600.
Lopez de la Huerta, 741.
Lopes de Maristow, 622.
Loppe, 488.
Loppin, 488.
Lorain, 510.
Lordat (de), 609.
Lorde, 465.
Lorde (de), 593.
Lorenchet, 342.
Lorers, 346.
Loriol (de), 78.
Lorraine, 65, 606,
Lorraine (cardinal de), 330.
Lorraine (Charles de), 138, 185, 201, 287, 354.
Lorraine (Charles ou Claude de), 102.
Lorraine (Claude de), 335.
Lorraine (les ducs de), 260.
Lorraine (Henri de), 233, 317.
Lorraine (Jean de), 302.
Lorraine (Louis de), 83.
Lorraine (Louise de), 185.
Lorraine-Guise (Louise-Marguerite de), 191.
Lorraine (Marguerite de), 152.
Lorraine-Vaudemont (L^se de), 383.
Lorraine (Charles III, duc de), 452.
Lorraine (maison de), 438.
Lort de Serignan, 276, 469.
Lostanges (de), 468.
Lostanges-Béduer (de), 468.
Lostanges de Sainte-Alvère (de), 468.
Louis, 637.
Louis II, duc de Bourbon, 93.
Louis III, duc d'Anjou, 7.
Louis III, de Lorraine, 136.
Louis X, 502.
Louis XII, roi de France, 50, 155, 285, 343, 632.
Louis XIII, 5, 92, 136, 147, 205, 262, 282, 309, 344, 349, 357.

Louis XIV, 49, 105, 106, 115, 123, 130, 133, 134, 142, 186, 203, 206, 210, 232, 234, 237, 304, 357, 358, 368, 382.
Louis XV, 517.
Louis XVI (dauphin), 246.
Louis de Bourbon, 12.
Louis d'Orléans, 163.
Louis de Lorraine, 185.
Loulay (de), 558.
Lourdet (Simon), 172.
Lourdois (de), 641.
Lousada, 516.
Louvart de Pontlevoye, 117.
Louvat, 186.
Louviers (ville de), 183.
Louvois (le marquis de), 194, 352.
Louys, 367.
Lovaine (baron), 93.
Lowassy de Loys de Loinville, 468.
Lowry-Corry de Belmore, 735.
Lowry de Maxwelton, 735.
Lowther de Lonsdale, 523.
Lowther de Swillington, 523.
Loyac (de), 414.
Loyd Overstone, 564.
Loysie, 334.
Loys, 487.
Lubersac, 153.
Lubomirski, 586.
Lucas de Montigny, 491.
Lucinge, 349.
Lucinge (de) 392.
Lucques (Duché de), 437.
Lucques (la république de), 181.
Lucy de Charlecote, 413.
Lude (comte du) 119.
Ludlow, 667.
Lugny, 485.
Lugnys, 177.
Luker (de), 153.
Lunaret, 297.
Lüneburg, 681.
Luppé (de), 450, 521.
Lure (ville de), 707.
Luserne de Rora (de), 522.
Lusignan (de), 265, 601.
Lütcken, 750.
Luxembourg, 10, 371, 749.
Luxembourg (Françoise de), 173.
Luxembourg (Jean de), 170, 209.
Luxembourg (Louis de), 198, 232.
Luyrieux, 33.
Luzerne de Rora (de), 452.
Lyarens (de), 6.
Lyde d'Ayot Saint-Lawrence, 567.
Lyle de Callian (de), 308.
Lymare Charbonnier, 65.
Lynch (comte de), 297.
Lyobard, 244, 588.
Lyobard (de), 631.
Lyobard (les frères), 332.
Lyobard de Chastellard (de), 691.
Lyon (ville de), 345, 677.
Lyon (chanoines, comtes de), 606.

Lyonnet, 643.
Lyonnet de Ganne, 477.
Lyons, 100.
Lyons de Christchurch, 560.
Lys (de), 328.
Lys de Beaucé (de), 684.
Lys de la Grenouillère (de), 684.
Lys de la Rosais (de), 684.

M

Maas, 715.
Mac-Carthy, 467, 508.
Mac-Carthy-Reagh, 659.
Mac-Donald d-East-Sheen, 591.
Mac Donnell d'Antrim, 651.
Mac Kenny, 727.
Mac-Mahon (baronnets), 303.
Mac-Mahon (de) 654,
Mac Nab, ~~630.~~ 640
Mac Taggart, 625.
Mac-Sheehy, 538, 646.
Macaire d'Iseran (de), 523.
Macalester Loup, 590.
Macar, 647.
Macartney de Lish, 532.
Macdonald, 202.
Macdonald (baron de), 245.
Macé, 155.
Macheco de Premeaux, 159.
Machémara, 113.
Machiavelli, 616.
Macip, 655.
Mackay, lord Reay, 526.
Mackenzie de Coul, 614.
Mackenzie de Cromerty, 521.
Mackensie de Gairloch, 567, 739.
Mackenzie de Scattwell, 654, 658.
Mackensie de Seaforth, 521.
Mackensie de Tarbat, 521.
Mackintosh (de), 692.
Maclean de Morvaren, 729.
Maclellan Kirkcudbright, 688.
Macpherson, 654, 692.
Macquart, 54.
Madec, 228.
Madelaine (de la), 526, 602.
Madeleine-Ragny (de la), 407.
Maere (de), 480.
Maës, 530.
Magalotti, 181.
Magawly Cerati, 507.
Magnay, 523.
Magnien du Collet, 292.
Magon, 342, 704.
Magon d'Appigné, 704.
Magon de la Gervaisais, 704.

Magrath (de), 638.
Mahon de Castlegav, 538.
Mahon, baron Hartland, 590.
Maillac, 111.
Maillans, 375, 754.
Maillard, 254.
Maillard (Jean), 239.
Maillard (Hélène), 174.
Maillardière (la), 42.
Maillardoz (de), 459.
Maillart de Kandreville, 96.
Maillé (de), 320, 682.
Maillé de Carman (de), 439, 682.
Mailliardoz, 682.
Mailly-au-Bos (les sieurs de), 188.
Maintenant (de), 572.
Mainwaring (baronnet de), 71.
Maioli, 490.
Maire, 241.
Maire de Briou (le), 540, 658.
Maire de Montifault (le), 524, 540, 541, 658.
Maisières, 516.
Maisières (Aloïset de), 70.
Maisniel (du), 579.
Maisniel d'Applaincourt (du), 580.
Maisniel de Belleval(du), 580.
Maisniel deLiercourt(du), 580.
Maisniel deNempont(du), 580.
Maisniel de Saveuse, 580.
Maison de la rue du Gril, à Paris, 15.
Maison de la rue Rotrou, à Dreux, 43.
Maison (le), 471.
Maison (le marquis), 19.
Maisons (de), 440.
Maistre (le), 27, 116.
Maistret, 521.
Maître de Sainte-Valentine (de), 413.
Maizet (de), 454.
Maladière-Quincieu (la), 200.
Malaincourt (de), 751.
Malarmé de Loray, 86.
Malarmé ou Malarmey, 16.
Malarmey, 292.
Malatvie d'Héronval,633.
Malavois, 447.
Malborough (le duc de), 73.
Maldeghem, 520, 524.
Maleingreau d'Hembize, 742.
Malestroit (de), 525, 564.
Malet de Coupigny (de), 584.
Malet de Graville, 187.
Malestroit (de), 267.
Maleteste (Fr.), 356.
Malivert, 14.
Mallanais (de), 628.
Mallans (de), 428.
Mallet (Anne), 202.
Mallet (baronnet), 187.
Malortic (de), 620.
Malortie, 595.
Maloteau, 525.
Maloteau de Guerne, 731.
Malou, 488.
Maltzan de Wartenberg, 750.

Malvezin, 711.
Malvoisin, 5.
Mamuchet, 664.
Man d'Hobruge (de), 729.
Man de Lennick (de), 729.
Manas (de), 532.
Mancicourt (de), 426.
Mancini, 515.
Manuals des Loges (de), 435.
Mandat de Grancey, 624.
Mandelsloh, 538, 541.
Mandon de Monde, 678.
Manessier, 29.
Mangot, 260.
Mangot de Surgères, 253.
Manin, 470.
Mann Cornwallis, 736.
Mann de Linton 589.
Manners-Sutton, 257, 602.
Manoury, 281.
Mansel de Margam, 622.
Mansel de Muddlescombe, 622.
Mantin (de), 466.
Mantoue (les ducs de), 375.
Manufacture royale des cuirs de Saint-Germain, 13.
Marais de Consenvoye, 455.
Marant (le), 35.
Marc, 169.
Marca de la Marque, 408.
Marcadé, 408.
Marcel (Eugène), 381.
Marcel (Léopold), 262.
Marchais (des), 116.
Marchais (René-Robert des), 94.
Marchal de la Marchalerie, 500.
Marc'hallac'h (de), 349.
Marchant (Pierre le), 8.
Marchant de Caligny, 225.
Marchant de Milly, 527.
Marche (de la), 327, 450, 682.
Marché (du), 115.
Marche de Bodriec (de la), 459.
Marche Martin (de la), 617.
Marc'hec, 154.
Marchiennes, 751.
Marchin de Clermont, 527.
Marcillac, 230.
Marcille, 88.
Marcilly (de), 732.
Marck (Robert de la), 305.
Marcol (de), 480, 516.
Marcq de Tiège, 745.
Mare (la), 649.
Marec, 154.
Marees (de), 455.
Mareschal, 23, 543, 663.
Mareschal (F.), 596.
Mareschal de Laprestė, 462.
Marescot, 150.
Marescot (de), 519.
Marescoti, 291.
Maret de Bassans, 621.
Marguerie, 46.
Marguerite de France, duchesse de Berry, 283.
Marguerite de Valois, reine de France, 221, 509.
Margueryo de Forteval (de), 480.
Maridat, 71, 428.
Maridat (de), 445.

Marie-Adélaïde, duchesse de Bourgogne, 58, 104, 112, 185, 218, 227, 257, 263, 271, 280, 311, 315, 316.
Marie-Adélaïde de Savoie (dauphine), 317.
Marie-Antoinette et le dauphin, 52, 246.
Marie de Bourgogne et Maximilien, 134.
Marie-Josèphe de Saxe (la dauphine), 159, 227, 269, 315.
Marie Stuart, reine de France et d'Écosse, 362, 393, 416.
Marie-Thérèse d'Espagne, dauphine, 242.
Marin, 49, 121.
Marin de la Malgue (de), 390.
Marin de Montmarin, 401.
Marini, 210.
Marion (baron), 225.
Marivault (de), 580.
Marivetz, 271.
Marle de Boisse (de), 446.
Marlet (J. le), 210.
Marlot (C.), 268, 279.
Marmet de Vaumale, 486.
Marmiér, 611.
Marmol (del), 527.
Marnix, 630.
Marnix (de), 141.
Marolles (de), 390, 741.
Marot (Clément), 174.
Marsanc de Fontjuliane (de), 443.
Marschalck, 689.
Marseille (la ville de), 4, 66, 100, 103, 143, 192, 281, 387.
Marseille (Saint-Victor de), 540.
Marsh, 580.
Marsham de Romney, 567.
Marsucco, 547.
Marsuzi, 58[illegible].
Martel (de), 408.
Martin, 318, 491.
Martin IV, pape, 598.
Martin, baron Michel, 610.
Martin Domec de Morlanne (de), 444.
Martineau des Chenetz, 676.
Martini Buys, 681.
Martinozzi (Laure), 22.
Martonne (de), 494.
Marville de Vignemonté, 102.
Mas-Latrie (de), 451.
Mas de Peysac (du), 490.
Masham d'Otes, 535.
Masin (de), 459.
Masséna, 720.
Masserie-Morin (la), 42.
Massey Clarina, 610.
Massey de Doonass, 610.
Massillon (J.-B.), 283.
Massimo, 428, 464.
Massol (de), 592.
Masson de Beauvais (le), 460.
Masson des Loges (le), 460.
Masson de Maizeray, 481.
Masson de la Noue (le), 459.

Massougne de Fontaines, (de), 494.
Mathan, 26, 193, 213.
Matharel (de), 490.
Matharel du Chéry (de), 490.
Mathew de Landaff, 753.
Mathurin de Belleville, 481.
Matignon (Goyon de), 138, 182.
Matinol, 204.
Matinel (de), 545.
Maubec, 528.
Maubuez (les sieurs de), 188.
Mauclerc (baron de), 211.
Maucourt (les sieurs de), 194.
Maude (de), 650.
Maude Hawarden, 740.
Mauduite (de la), 439.
Maughier de Steenford (D. N.), 727.
Maugiron de Montléans, 149.
Maule de Plinval, 419.
Mauléon (de), 525.
Maulésy (de), 665, 732.
Maumigny (de), 631.
Mauny (de), 477, 528.
Maupas (de), 725.
Mauperché, 33.
Mauroy, 751.
Mauroy (de), 430.
Mausabré, 600.
Maussabré (de), 406.
Maussac (de), 414.
Maussion d'Arrancy, 460.
Maximilien d'Autriche, 45, 134, 390.
Maxwel, 166.
Maxwell Calderwood, 688.
Maxwell de Cardoness, 688.
Maxwell de Nithsdale, 631.
Maxwell de Monreith, 631.
May (du), 50.
Mayer, 241.
Mayerhofer de Grünbühel, 699.
Maynard d'Estaines, 526.
Mayol de Luppé, 434.
Mayrot (de), 269.
Mazancourt (de), 577.
Mazarin (Jules), 112, 136, 268.
Mazeman de Couthove, 530.
Mazzuchelli, 587.
Meade de Clawilliam 693.
Mealet de Fargues (de), 529.
Mean, 445.
Meaux (arquebusiers de), 521.
Médaille militaire, 714.
Médicis (Alexandre de), 246.
Médicis (Catherine de), 21, 53, 104, 106, 172, 375, 478. (V. Catherine.)
Médicis (Cosme de), 110.
Médicis (Jean de), 86.
Médicis (Marie de), 152, 311, 327.
Médicis (maison de), 645.
Médicis (le pape Clément de), 40.
Médicis (Pedro de), 666.
Médicis (Pierre de), 156.
Meding, 548.

Mée (le), 86.
Meeus, 739.
Meeffray, 690.
Méhérenc, 103.
Méhérenc de Saint-Pierre, 457.
Méheuze (de), 468.
Meilleraye (la), 253, 597.
Meinertzhagen (de), 104.
Meingre de Boucicaut (le), 145.
Melignan de Trignan (de), 363.
Meline du Chatellier, 480.
Melizet, 698.
Mellet (de), 666, 670.
Mellini, 522.
Mello (de), 530.
Mellon (de), 60.
Melpomène (la muse), 161.
Melun, 247, 351.
Melun (de) 15, 363, 400, 531, 593, 696.
Melun (Charles de), 372.
Melun (ville de), 460.
Ménage, 406.
Ménage (Gilles), 374, 382.
Ménardeau, 328.
Ménardeau de la Charodière (de), 684.
Ménardeau des Noés, 684.
Ménardeau du Perray (de), 684.
Mendoza de Réal, 406.
Méné (du), 102, 232.
Menez (du), 95.
Mengny (les sieurs de), 194.
Menilglaise (Godefroy de), 581.
Menin-Pardaillon, 425.
Menon, 211.
Menon (de), 459, 549.
Menoth, 679.
Mensdorf-Pouilly (comte de), 118, 642.
Menthon (de), 584.
Menzies de Menzies, 725.
Meran, 655.
Mérard Saint-Just, 516.
Mercastel de Montfort, 138.
Merciers de Paris, 331.
Mercœur, 250, 594.
Mère-Folle de Dijon (la), 320.
Merez, 99.
Merle (de) de la Gorce, 237.
Merle d'Ambert de Livradois (de), 670.
Merlet de Merlet, 612, 616.
Merlo (de), 534.
Mérode (comte de), 250. 580.
Mertens (de), 564.
Mertrus de Saint-Ouen, 466.
Mervals de Taissy (de), 709.
Merveilleux du Vignaux, 442.
Mery d'Arcy, 485.
Mesanven (de), 77, 87.
Mescouëz (de), 286.
Mesgrigny (de), 70.
Mesmay, 69.
Mesmes (Pierre de), 246.
Mesnard, 229.
Mesnard (le comte de), 261.
Mesnil (du), 493.

4.

Mesnil (Antoine du), 151.
Mesnil-Simon, 177.
Messanconture, 751.
Mestmacher (baron de), 202.
Mestral, 642.
Methuen de Corsham, 733.
Metternich (prince de), 171.
Metz (du), 447.
Metz (chapitre de Saint-Etienne de), 629.
Meugies, 752.
Meugnier, 98.
Meulan, 699.
Meulan (mademoiselle de), 484.
Meulen (Van der), 660.
Meulenaere (de), 395.
Meulh, 34, 336.
Mexique, 451.
Meynard (de), 423.
Meynier de la Salle, 189.
Meyssonier de Château-rieux, 456.
Michal de la Palu, 166, 266.
Michallon, 363.
Michel (comte), 507.
Michel (de), 491.
Michell de la Morinerie, 649.
Michell de Saint-Dizant, 649.
Michels, 306.
Michels de Champorcin (des), 648.
Michodière (de la), 651.
Middleton, 280.
Middleton (baron), 355.
Mier, 697.
Mignouneau, 462.
Mikomont (de), 442.
Milan, 536, 586.
Milan (Valentine de), 595.
Milet de Mureau, 647.
Mill (baronnet), 10.
Miller d'Altammerthal, 539.
Millerei (de), 556.
Millet, 569, 722.
Millière, 242.
Millières, 167.
Millotet, 219.
Millotet (M.-A.), 181, 295.
Millotet (de), 495.
Milon (François), 220.
Milon d'Amnon, 562.
Milon de la Borde, 562.
Milon de Mesne, 562.
Milon de Villiers, 562.
Milon de Villiers-d'Anglade, 736.
Miloni, 670.
Mimerel de Roubaix, 504.
Minot, 639.
Mintier (le), 70, 336.
Mioland, 488.
Miolans, 465.
Miorcec, 337.
Mipont, 202, 536.
Mirbeck (de), 485.
Miribel (seigneur de), 236.
Mirieu de la Barre (de), 414.
Mistral de Montdragon, 698.
Mitallier (de), 622.
Mitchell (de), 642.
Mitchell de Westshore, 642.
Moelien, 627.

Moëllien (de), 280, 296.
Moerman d'Harlebeke, 644.
Moet de Romont, 478, 680.
Moetjens (Adr.), 14.
Mœurs (de), 537.
Moges (de), 49.
Moges-Buron, 49.
Mogge, 614.
Moignon (le président de La), 86.
Moisant, 454, 747.
Moisson, 90, 309.
Molac, 36, 58.
Molac (de), 129, 307.
Molans, 90.
Moleire (de la), 652.
Molesworth, 654, 726.
Mollerus, 504.
Mols (François), 390.
Molyneux, 672.
Molynenx de Sefton (de), 746.
Molyneux Ventry (de), 746.
Monaco de Valentinois (de), 740.
Monceau, 412.
Monceau (du), 605.
Monchart (de), 542.
Monck, 118.
Moncornet (de), 538.
Moncreiff de Moncreiff, 678.
Moncreiff de Tullibole, 678.
Mondalis (de), 735.
Mondot de Lagorce, 391.
Moner, 566.
Monet (de), 465.
Mongey (C. E. de), 228.
Monier de la Sizerane, 459.
Monin (P.), 189.
Monistrol (de), 502.
Monnay (de), 572.
Monnicot, 264.
Monnier, 89.
Monnier de Bonaparte, 469.
Monnier de Noironte, 297.
Monnoie (de la), 5.
Monnot de Maunay (de), 722.
Monrouge (de), 419.
Monson (baron), 259.
Monspey, 165.
Monspoix (de), 497.
Monstiers de Mérinville (des), 442, 621.
Monstron d'Escouloubre (de), 412.
Mont (de), 539.
Mont-Jouet, 75.
Montafilant, 133.
Montafie, comtesse de Soissons (A. de), 209.
Montagne (vicomte), 323.
Montagu, 143.
Montagu (de), 498, 539.
Montagu de Halifax, 580.
Montagu de Montagu, 666.
Montagu de Rokeby, 663.
Montagu de Sandwich, 599.
Montaignac (de), 609, 733.
Montaignac de Chauvance (de), 609.
Montaignac d'Estançannes (de), 609.

Montaignac de la Moncelle (de), 609.
Montaigne (Michel de), 270, 594, 638.
Montaigu (de), 399.
Montalembert (de), 107, 553.
Montalembert de Gers, 583.
Montalembert de Gers, 41.
Montalivet (de), 548.
Montaynard, 261.
Montbeliard (ville de), 438, 442.
Montboissier - Canillac (de), 230.
Montbourcher (de), 616.
Montbourcher (de), 23, 83, 683.
Montboucher du Bordage (de), 683.
Montbrison (Bernard de), 97.
Montbrison (la ville de), 6, 402.
Montbrun, 98, 449.
Montcalm, 198.
Montcalm-Gozon (de), 446.
Montchal, 43, 163.
Montchenu, 172.
Montchenu (de), 539.
Montchennais (de), 405.
Montdor (de), 530.
Montecler, 188.
Montefiore, 688.
Monteil (Adhémar de), 46.
Montemerli, 570.
Montenuovo, 735.
Montereux, 262.
Montesquiou, 433.
Montesquiou (Brun de), 158.
Montesquiou - Fezensac, 136.
Montesson (de), 624.
Monteynard, 252.
Monteynard (de), 539, 609.
Montfalconnet (de), 685.
Montferrat (Guillaume V, marquis de), 344.
Montfort (de), 194.
Montfort (Barbe de), 656.
Montfort de Bay (de), 578.
Montfort de Kerzeau (de), 530.
Montfort - Tayllan (de), 463.
Montfort (Simon de), 199, 334.
Montgardé (de), 540.
Montgomery, 125, 398.
Montgomery de Mount-Alexander, 480.
Montgrillet, 4.
Monthairon (de), 539.
Monthairon de Fère (de), 387.
Monthiers (de), 17.
Montholon, 322, 484.
Monthuchon (M. de), 620.
Montigny, 751.
Montigny de Thimeur, 41.
Montjou (de), 426.
Montjuzieu, 511.
Montlaur (de), 730.
Montléart (de), 457.
Montluc (Blaise de), 67, 96, 264.

Montluc (Jean de), 270.
Montmayeur, 92, 345.
Montmolin (de), 321.
Montmorency (Anne de), 200, 213, 304, 374, 376, 379.
Montmorency (de), 439.
Montmorency (les), 72.
Montmorency-Morres (comte de), 73.
Montmorres (vicomte), 305.
Montolieu, 434.
Montpellier (ville de), 14, 406, 729.
Montpellier (confrérie des pénitents bleus de), 418.
Montpensier (mademoiselle de), 253.
Montpensier (Marie, duchesse de), 491.
Montpezat de Carbon (Jean de), 60, 131, 201.
Montpezat (Tremoleti de), 63.
Montrichard (de), 184, 262.
Montrivel, 284.
Monts ou Mont, 576.
Monts (des), 63, 117.
Moore, 117.
Moore de Fawley, 554.
Moore de Mountcashell, 745.
Morainville (de), 476.
Morand, 448.
Morant du Mesnil-Garnier, 455, 488.
Morant (de), 2, 486.
Morant d'Estreville (de), 455.
Morant de Fontenay, 455.
Morant de Jouffrey, 455.
Mordant de Massiac, 540.
Mordaunt de Monmouth, 547.
Mordaunt de Peterborough, 547.
Morden de Wrickles-marsh, 543.
More, 51.
Moré de Pontgibaud, 381, 542.
Moreau (F.), 138, 272, 340.
Moreau d'Auteuil, 393.
Moreau de Horion, 477.
Morel, 182, 266.
Morel de Bécordel (de), 551.
Morel de Boncourt, 551.
Morel de Courcy, 479.
Morel de Foucaucourt, 551.
Morel d'Hérival, 551.
Morel de la Morinerie, 607.
Morel de Puchevillers, 551.
Morel-Vindé (de), 210, 551.
Morel de Voleine, 530.
Moreno, 553.
Moret (de), 640.
Moreton (Guigues de), 18.
Moreton de Chabrillant (de), 540, 595.
Moreuil (de), 588.
Morey (de), 553.
Morgan (de), 585.
Morhier, 540.
Moricière (de la), 669.
Morin, 200, 541.

Morin de Bertonville, 117.
Morisot, 108.
Morlaix (ville de), 307.
Morny, 307, 665.
Morny (de), 531, 610, 680.
Moroges, 73.
Morra, 422.
Morren, 521.
Morris, 643.
Morru (G. de), 42.
Morry (de), 641.
Mortaigne, 694.
Mortain (de), 717.
Mortemart (duc de), 18, 446.
Mortemart de Boisse, 24.
Morvilliers (Pierre de), 130.
Mosley d'Ancoats, 542.
Motaded (le calife), 509.
Motot, 253.
Motet (du), 335.
Mothe (la), 336.
Motin de Perche, 536.
Motte (de la), 432.
Motte (Henri de la), 333.
Moucheron (de), 395.
Mouchet de Battefort (du), 514.
Moudon, 663.
Mouillebert (de), 401.
Moul de Rochebelle, 648.
Moulins (ville de), 250.
Moullart de Bugnicourt, 730.
Moullart de Lorge, 730.
Moullart de Torcy, 730.
Moullart de Vilmarest, 730.
Mount Edgecombe, 27.
Mourey de Bartrans, 193.
Mourgues (de), 715.
Mousin de Bernecourt (de), 679.
Moussaye (de la), 139.
Moussier, 131.
Mousquetaires du roi (première compagnie des), 277.
Moustier (de), 200.
Moutet de la Ferrade, 106.
Mouton de Fontenille, 428.
Mouttinho de Lima, 315, 668.
Mouy, 294.
Moy (Jeanne de), 67.
Moy (le sieur de), 294.
Moyria, 12, 157.
Moz (baron de), 118.
Mueg de Boffsheim, 731.
Muguet de Champalier, 598.
Muguet de Varanges, 598.
Mulinen, 615.
Mülinen (comte de), 321.
Mun (marquis de), 214.
Munch de Bellinghausen, 692.
Munchhausen, 544.
Munck (de), 731.
Munster Meinhövel, 682.
Murard de Saint-Romain (de), 465.
Murat, 361.
Murat (de), 543.
Murat de l'Estang, 360, 543, 725.
Murat de Sistrières (de), 725.
Murray d'Annandale, 559.
Murray de Dysart, 698.

Murray Elibank, 739.
Murray Mac-Gregor, 671.
Murray de Mansfield, 667, 707.
Murray d'Ochtertyre, 487.
Murray de Stanhope, 584.
Musgrave (baronnets), 290.
Musgrove de Speldhurst, 555.
Musse (de la), 28.
Musset, 56.
Musset (Alfred de), 56.
Muy (Félix du), 105.
Muy (le sieur de), 294.
Muyssart (de), 652.
Myers, 561.

N

Nadau du Treil, 698.
Naesmyth de Posso, 561.
Naeyer (de), 544.
Nagles, 568.
Nairn de Dunsinan, 515, 670.
Nairne (lord), 93.
Nalenez, 745.
Nancy (ville de), 221, 229, 274.
Nani-Mocenigo (le comte), 200.
Nantes (ville de), 105, 156, 494.
Napier, 293.
Napier de Merchistoun, 625.
Napier de Napier, 627.
Napier de Saint-Vincent, 625.
Napoléon-Vendée (ville de), 604.
Narbonne-Lara, 225, 562.
Narbonne-Pelet (de), 219, 368.
Nardin, 108, 190.
Nassau (Guillaume de), 529, 636.
Nassau (Maurice de), 609, 681.
Nassau (Philippe de), 680.
Nassau de Rochford, 551, 668.
Navailles de Labattut (de), 404.
Navaisse (de), 148.
Navarre, 410, 412.
Naville, 545.
Navoir de Ponzac, 647.
Nays de Candeau (de), 691.
Neale (comte de), 353.
Neave, 661.
Nébouchel (de), 412.
Nedonchel, 18.
Needham de Kilmorey, 572.
Neeld, 560.
Neidhardt de Gneisenau, 118.
Neilson (de), 479.
Neipperg, 735.

Nelson, 581.
Némarans (de), 627.
Nemours-Savoie (les ducs de), 323.
Nérac (ville de), 418.
Nerestang, 673.
Nervo (de), 457.
Nettancourt, 552.
Nettancourt (de), 742.
Netterville, 426.
Neuchèses (Charles de), 195, 320.
Neufchâtel (principauté de), 452.
Neufforge, 388.
Neufville-Villeroy (les), 245.
Neumann (baron de), 102.
Neuville (de), 484.
Neuville-en-Bresse (chapitre noble de femmes de), 474.
Neuwal (de), 448.
Nève, 465.
Nève (de), 749, 753.
Nevers (Madeleine d'Albret, comtesse de), 59.
Nevers (les ducs de), 111.
Nevers (le comte de), 163.
Nevers (officiers de l'élection de), 514.
Nevet (de), 244, 257.
Nevile de Grove, 552.
Nevill d'Abergavenny, 552.
Neville, lord Braybrooke, 552.
Newburgh (comte), 307.
Newman de Fifehead-Magdalen, 522.
Newmann de Mamhead, 705.
Newport, 554.
Newton de Newton, 610.
Ney de la Moskowa d'Elkingen, 610.
Neyrieu, 500.
Nicholson, 735.
Nicod de Neuville de Maugny, 720.
Nicolaï (de), 508.
Nicolson, 556.
Nieuwerkerke, 492.
Nieuwerkerke (de), 467.
Nîmes (la ville de), 50.
Ninon de Lenclos, 561.
Nivelle (Sébastien), 139.
Nivernais (duc de), 496.
Noailles (de), 506.
Noblet, 215.
Nocey, 201.
Noe ou Noue (de la), 16.
Noël, 335.
Noël de Buchères (de), 581.
Noel de Groussy (le), 382.
Noel Hill Berwick, 620.
Noël des Vergers, 577.
Nogent-Saint-Laurent, 505.
Noguès (du), 412, 518.
Nollent, 240.
Nompère (de), 221.
Noirmont (de), 581.
Noot de Moorsel (van der), 630.
Norman d'Andenhove (de), 640.
Normand de la Tranchade, 489.
Normandie, 443, 634.
Normandie (Parlement de), 51.
North de Guilfort, 544.

Northampton (le comte de), 165.
Northesk (comte de), 325.
Northumberland (le duc de), 93.
Nos (des), 192, 337.
Nos de la Feuillée (des), 697
Nos de Vaumeloisel (des), 518.
Nos de la Villedaniel (des), 697.
Notaires de Paris (chambre des), 179.
Notaires de Soissons (chambre des), 179.
Notten Pole (van), 597, 613.
Nottres ou Nottret de Saint-Lys, 67.
Noue (Guillaume de la), 315, 600.
Nouël, 335.
Noyers (de), 5[illegible]0.
Nuvéry (de), 435.
Ny de Coëtelez (le), 141.

O

Oakeley, 585.
Oakes, 591.
Oberkampf, 279, 574.
Obert, 263.
O'Brien, 360, 508.
Ochsenhausen, 171.
Ochterloni, 668.
Ockers, 549.
O'Connell, 602.
Odde de la Tour du Villard, 469.
Odebert, 321.
Odemaer, 431.
Odile, 687.
O'Donnoghue de Glanfleske, 554.
O'Donovan, 745.
Oeyn Hausen, 533.
O'Farrel de Burgh, 707.
Offremont, (d'), 575.
Oger (N.), 279.
Ogilvie de Barras, 602.
O'Gilvie de Carnousie, 610.
Ogilvy de Findlater, 696.
Ogilvy d'Innerquharity, 687.
Ogilvy, 9.
Oglander, 652.
Ogle de Worthy, 604.
O'Gorman 606, 691.
O'Grady Guillamore, 750.
O'Hara de Tyrawley, 701.
O'Hégerty, 546.
O'Kelly, 233, 340, 702.
O'Kelly Farrell, 702.
O'Kelly de Gallagh, 702, 703.
O'Kourk de Gonsen, 265.
Oldenbourg, 706.
Oldershausen, 552.
Olécourt (d'), 632.
Oliphant (d'), 698.
Oliphant de Bachiltoun, 752.

Oliphant de Rossi, 565.
Olivier, 215, 306.
Olivier (Nicolas), 106.
Olivier de Clisson, 675.
Olonne (d'), 648.
O'Mahony, 721.
O'Malley, 687.
Ombreuil de Budbach (d'), 34.
O'More, 609.
O'Murphy, 466.
O'Neil de Tyrone, 663.
O'Neill de Bunowen, 649.
Onslow d'Onslow, 647.
Opmeer, 578.
Oppezyi de Cherio, 696.
Oraison (d'), 80.
Orange (Princes d'), 164.
Oratoriens, 166.
Orchamps, 221.
Orde-Powlet, 10.
Ordinaire des guerres (l'), 357.
Ordre de l'Aigle blanc, 263, 609.
Ordre de l'Aigle noir, 680.
Ordre de l'Aigle Rouge, 657.
Ordre de l'aile de Saint-Michel, 620.
Ordre de l'Amarante, 647.
Ordre de l'Annonciade, 107.
Ordre du Bain, 338, 483, 699.
Ordre de Bareith, 693.
Ordre du Chardon, 147, 209.
Ordre de Charles III, 741.
Ordre de la Charité chrétienne, 254.
Ordre des Chevaliers du Temple, 222.
Ordre du Chien et du Coq, 360.
Ordre de Chypre, 256.
Ordre de Chypre ou de l'Epée (chevaliers de l'), 295.
Ordre de la Cordelière, 160, 162.
Ordre de la Couronne de fer, 407.
Ordre de la Couronne royale, 55.
Ordre de la Couronne de Saxe, 613.
Orere de la Couronne de Wurtemberg, 472.
Ordre du Croissant, 183, 520.
Ordre de la Croix de Bourgogne, 32.
Ordre de la Croix de Juillet, 586.
Ordre d'Albert l'Ours, 472.
Ordre des Dames esclaves de la vertu, 662.
Ordre de Dannebroch, 248, 631.
Ordre du Droit Désir, 306.
Ordre de l'Ecu, 376.
Ordre de l'Etoile, 199, 539.
Ordre du Faucon blanc, 723.
Ordre de la Fidélité, 462, 489.
Ordre de François Ier, 534.
Ordre de la Générosité, 507.

Ordre du Genêt, 70.
Ordre des Guelfes, 545.
Ordre militaire de Guillaume Ier roi des Pays-Bas, 371.
Ordre de Henri-le-Lion, 485.
Ordre militaire de l'Hermine, 190.
Ordre de la Jarretière, 139.
Ordre de la Légion d'honneur, 480.
Ordre de l'Eléphant, 523.
Ordre de Léopold, 493, 521.
Ordre de Léopold d'Autriche, 578.
Ordre de l'Epée, 610.
Ordre de l'Etoile polaire, 551.
Ordre du Lion-Neerlandais, 733.
Ordre du Lion-d'Or, 738.
Ordre du Lion de Zahringen, 472.
Ordre de Louis de Hesse, 472.
Ordre de la maison ducale Ernestine de Saxe, 462.
Ordre de Marie-Thérèse, 468.
Ordre de Maximilien-Joseph, 743.
Ordre du Mérite, 266.
Ordre du Mérite civil, 473, 601, 731.
Ordre du Mérite militaire, 601, 740, 742.
Ordre du mérite militaire de Charles Frédéric, 471.
Ordre du mérite de Saint-Michel, 620.
Ordre de la Nef, 218.
Ordre de la Noble Passion, 496.
Ordre du Nœud, ou ordre du Saint-Esprit, 403.
Ordre de Notre-Dame de la Conception de Villa-Viciosa, 681.
Ordre de Philippe le Magnanime, 656.
Ordre de Pie IX, 741.
Ordre du Porc-Epic, 51.
Ordre des principautés de Hohenzollern, 472.
Ordre de la Rédemption, 554.
Ordre Royal de Louis de Bavière, 472.
Ordre de Saint-Alexandre Newski, 601.
Ordre de Saint-André, 209, 512.
Ordre de Sainte-Anne, 14.
Ordre de Saint-Basile, 681.
Ordre de Sainte-Catherine, 601.
Ordre de Sainte-Catherine de Russie, 583.
Ordre du Saint-Esprit (chevaliers de l'), 82, 305.
Ordre de Saint-Etienne, 614.
Ordre de Saint-Ferdinand et du Mérite, 460.
Ordre de Saint-Georges, 601.
Ordre de Saint-François,

(Cordeliers de l') 132.
Ordre de Saint-Georges, 489.
Ordre de Saint-Georges-de-la-Réunion, 490.
Ordre de Saint-Grégoire-le-Grand, 608.
Ordre de Saint-Henri, 741.
Ordre de Sainte-Hermenégilde, 604.
Ordre de Saint-Hubert, 489, 494.
Ordre de Sainte-Isabelle, 586.
Ordre de Saint-Jacques de l'Epée, 287, 635.
Ordre de Saint-Jean-de-Latran, 603.
Ordre de Saint-Joseph, 705.
Ordres de Saint-Lazare et du Mont-Carmel, 441.
Ordre de Saint-Louis, 521.
Ordre de Saint-Marc, 243.
Ordre de Sainte-Marie-Madeleine, 578.
Ordre de Saint-Patrice, 619.
Ordre de la Sincérité, 708.
Ordre de Saint-Stanislas, 602.
Ordre de Saint-Wladimir, 710.
Ordre du sang de Jésus-Christ, 78, 212.
Ordre de la Tête-Morte, 531.
Ordre de la Toison-d'or, 405, 498, 605.
Ordre de la Tour et de l'Epée, 714.
Ordre de la Vraie-Croix (chevaliers), 289.
Ordre de la Vierge, 490.
O'Reilly, 191, 722, 744.
Orengiani (d'), 614.
Orfèvres de Paris, 288.
Orfèvres de Rouen, 236.
Orglandes, 39.
O'Riordan, 43
Orival 280.
Orléans-Angoulême (Fr. d'), 168.
Orléans (Charles, duc d'), 160.
Orléans (Françoise d'), 206.
Orléans (Gaston d'), 92, 122.
Orléans (Louis d'), 163.
Orléans (Philippe, duc d'), 172.
Orléans (princesse d'), 424.
Orléans (ville d'), 138.
Orloff (comte), 118.
Ormancey de Fréjaques, 142.
Ornano (d'), 434.
Ornoy (d'), 391.
O'Rourke de Gousen, 721.
O'Rourske, 721.
Orsanne (d'), 667.
Orsanne de Douhauld (d'), 667.
Orsanne de Montlevie (d'), 667.
Orsanne de Thisay (d'), 667.
Orsay (d'), 475.
Orthelius (André), 374.
Ortt de Schonauwen, 677.
Orville (d'), 178, 478.

Orye, 539.
Orye de Bannay, 539, 705.
Orye de Fuloy, 539, 705.
Orye de Vignory, 539, 705.
Orry (Marc), 5.
Osborn, 616.
Osborne, 587.
O'Shee de Dunmore, 728.
Osmond (marquis d'), 212.
Ossory (comte d'), 51.
Ostermann (comte), 208.
Ostrogothie (Jean, duc d'), 379.
O'Sullivan de Grass de Séovand, 537.
O'Sullivan de Terdeck, 537.
Otard de la Grange, 441.
Othon de Saxe (l'empereur), 29.
Ottes (d'), 591.
Oudart, 94.
Ouëssant (d'), 192, 307.
Ouseley, 541.
Outram, 543.
Ouvrier de Villegly, 633.
Ouvriers du canal de Briare, 12, 279.
Oxford (université d'), 642.
Oyen (Baron d'), 194.
Oyley (baronnet d'), 233.
Oyselet (d'), 564.
Ozmond (marquis et comte d'), 51.

P

Pabris de Lombart (de), 646.
Pacins (de), 543.
Pagan, 116.
Paget d'Anglesey, 590.
Pahlen (le comte), 54.
Paige de Bar, 237.
Pailloux (de), 466.
Paire près Tournai (abbaye de la), 581.
Paixdecœur, 377.
Paleske, 513.
Pallavicini, 300.
Pallavicini de Brannenburg, 575.
Pallu de la Barrière, 538.
Palm (comte de), 170.
Palm Gundelfingen, 741.
Palmer, 583.
Palmer de Castle-Lackin, 653.
Palmes de Naburn, 710.
Palnat de Besset, 398.
Palnat de Jalamondes, 398.
Palnelle (de la), 475.
Palu (la), 86, 200.
Paluat de Besset, 398.
Paluat de Jalamondes, 398.
Palud (de la), 600.
Palue (de la), 617.

Paluelle (de la), 475.
Palustre de Font-Villiers, 443.
Panehaud de Bottens, 591.
Panisse (comte de), 272, 366, 737.
Pantin, 59, 382.
Pantin de la Guère, 427.
Papenbrooch, 677.
Papier de Souville, 461.
Papin (de), 658.
Papon de Goutelas, 566.
Pappe, 252.
Paradis (de), 422.
Parascowitz-Gasser (baron de), 154.
Parc (du), 36, 481, 482, 713.
Parc de Barville (du), 713.
Parc de Baisrenault (du), 713.
Parc de Coëtfrec (du), 713.
Parc de Guérand (du), 713.
Parc de Kerret (du), 713.
Parc de Locmaria (du), 335, 353.
Parcevaux (de), 307, 527.
Parcevaux de Mezarnou, 527.
Parcevaux de Tronjoly (de), 527.
Parent de Boisregnault — de Moiron, 436.
Parigot (Ph.), 101.
Paris (chambre des notaires de), 179.
Paris (les chirurgiens de), 54.
Paris (huissiers, commissaires-priseurs de), 86.
Paris (merciers de), 523.
Paris (orfèvres de), 492.
Paris (Université de), 134.
Paris (la ville de), 114.
Parisch (baron), 354.
Parisot, 217.
Parker de Macclesfield, 642.
Parlier de la Roque (de), 395.
Paroy (de), 665.
Parr de Northampton, 397.
Parscau (de), 17, 329.
Parsons de Rosse, 608.
Parties casuelles, 196.
Pascal, 290.
Pascal (Blaise), 643.
Pascalis de Longpra, 391.
Pascale (de), 675.
Paschal de Mérins, 669.
Pasley de Craig, 612.
Pasqualati d'Osterberg, 679.
Pasquet de Falaignac, 669.
Passalaigue (de), 584.
Paston, 662.
Paston de Yarmouth, 433.
Pastoret (le marquis de), 36, 470.
Paterin ou Paterins, 45. 177.
Paterson, 498.
Patoul, 365.
Patoul de Fieura, 365.
Patras de Campaigno (de), 425.
Paty de Clam (du), 734.
Paul, 351.

Paul IV, pape, 79.
Paulet Fumée, 148.
Paulmier (de), 443.
Paultre de Lamotte, 617.
Paul de Paulville, 714.
Pauncefort Duncombe, 562.
Pavie, 62, 77.
Payen de Noyant, 146.
Payen de la Rivière (de), 429, 507.
Payne, 525.
Pays-Bas, 2, 164.
Peachey Selsey, 532.
Peackocke de Barntic, 728.
Pêche (de la), 598.
Pechpeyrou, 350.
Peers, 649.
Pelet de Beaufranchet (de), 460.
Peletier d'Aunay (le), 488.
Peletier de Rosambo (le), 488.
Pelham de Chichester, 726.
Pélichy (de), 750.
Pélichy de Lichterveede, 750.
Pélissier-Desgranges, 298.
Pélissier de Malakoff, 743.
Pellard (Bernard de), 344.
Pellegrini, 551.
Pellet des Granges, 368.
Pellet du Rocher, 608.
Pelletier de Chambure, 673.
Pelletier de Martainville, 7.
Pelleport (de), 561.
Pellevé (le cardinal), 350.
Pellicier de la Coste, 318, 366.
Pellot-Fongerette, 482.
Peltier de Glatigny (le), 109.
Pemberton Leigh Kingsdown, 712.
Pembroke (comte), 345.
Penancouët de Kerouazle (de), 1, 5, 38, 194.
Penandreff (de), 269.
Penaranda, 587.
Penet du Châtelard, 686.
Penfeuntenion (de), 249.
Penguern (de), 73, 81.
Penhoët, 284.
Penhoët (de), 18, 143, 280, 587.
Penigault, 537.
Pénitens du tiers ordre de saint François (les), 113.
Penmarch, 34.
Penmarch (de), 144, 259.
Pennantier, 586.
Pennington Muncaster 726.
Pepin, 109.
Pépin de Sailly, 400, 403.
Pepys, 533.
Pérandie (de), 399.
Pérard de Vaivre, 359.
Perceval, 321.
Perceval (de), 728.
Percival d'Egmont, 675.
Percy, 93.
Perdriel, 320.
Péret (de), 443.
Péricard (Guillaume de), 370.
Péricaud, 390.
Perier, 6.

Périgueux (ville de), 469.
Pérouse (comte de la), 308.
Perponcher, 526.
Perrault (J.), 96.
Perréal, 36, 411.
Perrée de la Villestreux, 527.
Perrenot (Frédéric), 205, 211.
Perrenot de Granvelle, 305, 448.
Perret (René), 203.
Perrey (de), 457.
Perrin de Brassac (de) 708.
Perrin de Jonquières (de), 586.
Perrin de Labessière (de), 708.
Perrin de Lengari (de), 708.
Perron (cardinal du), 234.
Perrot (J.), 328.
Persigny (Fialin de), 165.
Perusse d'Escars, 103, 247, 303.
Peruzzi de Barles, 430.
Péry (de), 589.
Pery de Limerick, 739.
Pestaisières (de, 491.
Pestel la Majorie (de), 574.
Petau, 541.
Petau (Paul), 383, 562.
Petau (le P.), 219.
Petit, 395, 592.
Petit (P.), 164.
Petit de la Fosse, 448.
Petit-Jean de Marcilly, 712.
Petit-Val (Raphaël du), 378.
Petit de Viévigne, 389.
Petit-Pierre de Wesdehlen, 616.
Petiton, 632.
Petre (baron), 291.
Pétré, 560.
Petremand de Valay, 54.
Pettolaz, 705.
Petty de Shelburne, 709.
Peyer, baron de Peyersberg, 196.
Peyrat (du), 403.
Peyrol, 701.
Peyrol (de), 839.
Peyronnet (comte de), 224, 690.
Peyton, 585.
Pezilla, 592.
Pezoldjaua 747.
Pfeffel, 750.
Phebus (François), 79.
Phelypeaux de la Vrillière, 154.
Phélines de la Chartonnière (de), 572, 610.
Phelips de Barington, 607.
Philibert de l'Orme, 381.
Philisbourg (prise de), 265.
Philippe, 14.
Philippe Ier roi d'Espagne, 620.
Philippe II, 161, 224, 445, 478, 497, 692, 711.
Philippe III, roi d'Espagne, 454.
Philippe IV, roi d'Espagne, 248, 351.
Philippe V, roi d'Espagne, 213, 283, 332, 349, 366.

Philippe-le-Bon, duc de Bourgogne, 17, 27. 29.
Philippe de France, 7.
Philippe, duc d'Anjou, 321.
Philippe, duc d'Orléans, 172.
Philippe, sire de Croy, 170.
Phillips de Weston, 553.
Philipps, 738.
Phipps de Mulgrave, 740.
Phipps de Normanby, 740.
Pi de Cosprons, 387.
Pianelli de Bitonto, 494.
Pianelli de la Valette, 487.
Pic de la Mirandole, 484, 650.
Picardie (Chambre de commerce de), 269.
Picardie (la Province de), 110.
Picart, 751.
Picaud de Quéhéon, 600.
Pichard (de), 567.
Pichard de Verney (de), 490.
Pichon, 502, 532.
Picker, 587.
Picot, 413.
Picot de Combrux, 571.
Picot de Dampierre (le marquis), 228
Picot de Mauras d'Aligny, 749
Picot de Peccaduc, 571.
Picot de Vaulogé, 571.
Picquegny, 36, 37.
Pictet de Richemont, 679.
Pictet de Sergy, 679.
Pie V, 351.
Pieck, 544.
Piédoue (de), 479.
Piellat (de), 487.
Piepers, 504.
Pierre, cardinal de Foix, 300.
Pierre de Bernis, 420.
Pierres, 256.
Pierres de Marnay, 257.
Pierrebrais de l'Etoile (de), 442.
Pierredon de Ferron (de), 679.
Pierrepont de Kingston, 593.
Pierrepont de Manvers, 593.
Pierrot de Beaulieu, 746.
Piers de Tristernagh, 558.
Pigniol, 70.
Pigot de Patshull, 696.
Pilati (comte de), 322.
Pilet de Beaufranchet, 409.
Pilgram (baron de), 331, 689.
Pillersdorff (baron de), 118.
Pillot de Chénecey, 690, 731.
Pillot de Chénecey de Coligny (de), 477.
Pimentel (les), 380.
Pin (du), 110.
Pina de Saint-Didier (de), 679.
Pinczon, 369.
Pindray (de), 490, 493, 530, 537.
Pinel de la Taule, 197.
Pinon, 330, 455.

Pinon de Saint-Georges, 687.
Pins (de), 186, 399, 436, 440, 448.
Pinteville (de), 608.
Pioger, 206.
Piolenc, 39.
Piomelles (de), 647.
Piossasco ou Piossasque, 270.
Piretony (E.), 203.
Pisançon (de), 476, 721.
Piscatory de Vaufrelant, 387.
Pistollet de Saint-Fergeux, 398, 461.
Pitey Keni (de), 587.
Pithou (les frères), 375.
Pitoye de Montbelon, 593.
Pitt, comte de Chatam, 34.
Pizarro de la Charios, 595.
Plaat de Honswyk, 748.
Place, 711.
Place de Chauvac (de la), 628.
Plaine du Molay Bacon, 446.
Plaines van Terbruggen 600.
Plaisant du Rigaudel (de), 432.
Pian de Sieyès de Veynes (de), 571.
Plantade, 41.
Plastre (le), 219.
Platen, 694.
Playne (de), 255.
Plesse (de), 399.
Plessis (du), 1, 10, 21.
Plessis (Armand du), 310.
Plessis de Grénédan (de), 594.
Plessis-Mornay (du), 22.
Plessis de Richelieu (du), 218, 479.
Pletin 700.
Pleurs (de), 437.
Plœuc, 174.
Plemby (de), 594.
Plomby de la Gineste (de), 594, 406.
Plusquellec (de), 27.
Pluvinel, 180.
Pocok de Hart, 628.
Pocquet de Livronnière, 501.
Poer Beresford (de la), 556.
Poëze (de la), 30.
Poillot d'Oigny, 193.
Pollloue de saint-Mars (de), 480.
Poilvilain, ou Pillevilain de Crenay, 383.
Poirier de Franqueville, 694.
Poirot (J.), 228.
Poirrier, 235.
Poisieux, 414.
Poisson de Neuville (Ch.), 285
Poitiers (Diane de), 53, 311.
Poitiers (Collége de saint Martin de), 131.
Poix de Freminville (de la), 87.
Pol, 252.
Pole de Poole, 597.
Pole Tylneylong Wellesley, 597.
Poli (de), 493, 596.

Polignac, 146, 288.
Poligny (de), 355.
Poligny (la ville de), 6.
Polinière (de), 657.
Pollalion, 182.
Pollier de Bretigny, 97.
Pöllnitz de Frankenberg (baron de), 343.
Pollod de Saint-Aignan (de), 423.
Polymnie (la muse), 200.
Pomeroy Harberton, 743.
Pommereu, 245.
Pompone de Bellièvre, 77.
Poncelin de la Rochetilhac, 112.
Poncet (Michel), 86.
Poncheville-Thellier, 496.
Poniatowski, 609.
Poninski (prince de), 328.
Ponnski, 684.
Pons Renepont (de), 633.
Ponsonby, 612.
Ponsonby de Manby, 612.
Pont (du), 15, 365.
Pontalliers (des), 597.
Pont-Jazno d'Aubannye, 315.
Pont-l'Abbé (du), 133, 134, 293
Pontarlier (ville de), 597.
Pontault (Sébastien de), 122.
Pont-Aubevoye (de), 365.
Pontcallec (fief de), 615.
Pontcroix (de), 203.
Pontet (Henri-François), 318.
Pontet (baron de), 131.
Pontevès d'Amirat (de), 438.
Pontevez, 114, 193, 299.
Pontini de Quer, 634.
Pontis (de), 647.
Pontis des Dourbes, 148, 488.
Ponton d'Amécourt, 32.
Pontus de Thyard de Bissy, 195.
Poulmic (de), 65, 94.
Poulpiquet, 68.
Poupet, 478.
Pourtalès (comte de), 271.
Poussin, 643.
Poussois (de), 647.
Power, d'Edermine, 589.
Power de Kilfane, 611.
Powlet Bayning, 672.
Powys Leford, 583.
Poyet de Beine, 168.
Poyppe (la), 208, 509.
Pozzo di Borgo, 54, 738.
Pracontal d'Ancone, 240.
Pradelles de Palmaert (van), 508.
Prahec (de), 709.
Prat (cardinal du), 362.
Prat (du), 496.
Prat d'Hauterive (du), 669.
Prat de Lamartine, 387.
Prat de Viteaux (du), 669.
Pratz de Mavillon, 240.
Préaux, 38.
Préaux (de), 416.
Précipiano (de), 440, 564.
Prégent de Forestic, 604.
Prégent de Gironde, 604.
Prégent de Retz, 605.
Prégent de Taillebourg, 605.

Prémian (de), 677.
Prémont (de), 637.
Preston, 293.
Preston de Breston Saint-Lawrence, 606.
Preston Dingwal, 600.
Preston de Valleyfield, 604.
Prestre de Châteaugiron (le), 288.
Pret (de), 605.
Prevost, 7.
Prevost de Basserode (le), 632.
Prévost de Belmont, 414, 752.
Prévost de la Boutetière, 431.
Prévost de la Croix, 187.
Prévost de Gagemont, 316.
Prevost-d'Iray (le), 372.
Prévost de Longpérier, 658.
Prévost d'Olbreuse, 316.
Prevost de Pelousey, 127.
Prevost de Pressigny (le), 523.
Prévôt (J.), 328.
Prie (de), 218.
Price, 747.
Prifling de Ritterfelden (chevalier), 319.
Proby de Carysfort, 526.
Poore de Rushall, 586.
Popel, 597.
Porc-épic (l'ordre du), 51.
Porcellets de Beauverger (des), 475.
Porcellets de la Maillane (des), 474.
Porcher, 611.
Porchères d'Arbaud, 46.
Porchester (baron), 345.
Poret de Blosseville, 101.
Porquerie, 476.
Porry (de), 464.
Port (du), 11, 47, 78, 359.
Porta, 612.
Portal (de), 401.
Portalis, 600.
Portau (de), 619.
Porte (La), 255, 571.
Porte (de la), 529, 576, 658.
Porte d'Assertieux (de la), 473.
Porte des Riants (de la), 473.
Portes (de), 591.
Portier, 69.
Portmore (le comte de), 30.
Portsmouth (le comte de), 323.
Portzmoguer (de), 158, 324, 353, 664.
Portzmoguer de la Villeneuve (de), 664, 715.
Posanges, 224.
Posonière (Romain de la), 287.
Posson, 432.
Postel, 238.
Postel des Minières, 25.
Pot (de), 11, 327.
Poterat de Batilly, 612.
Poterat de Vauclos, 612.
Potier de Courcy, 11.
Potier de Gesvres, 71, 85.
Potier de Novion (Jacques), 71.
Pottelle, 700.
Pottes, 479.

Pottier (André), 149.
Pottier (de), 600.
Pottier de Baillivy (de), 600.
Pottier du Silmon de Vernon, 647.
Pottinger, 732.
Poudenx (de), 402.
Pougérie (de), 718
Poujols de Saint-Maurice (de), 169.
Pouget de Nadaillac (du), 363, 597.
Poulain de la Guerche (G.-F.), 339.
Poulett (le comte), 125.
Poulhariez (de), 360.
Poulle (de), 568.
Proff d'Irnich, 537.
Protestants (pour la Cène des), 207.
Prousteau de Mont-Louis, 265.
Proux (le), 648.
Provana, 578.
Provence (Marguerite de), 635.
Provence (les trésoriers des Etats de), 111, 179.
Provinces unies des Pays-Bas, 421.
Provost de Launay (le), 563.
Provost de Squirion, 497.
Prud'homme d'Hailly (les), 333.
Prud'homme de Saint-Maur, 613.
Prunelé (de), 471.
Prunier (de), 703.
Prunier (Jean), 154.
Prunier (Laurent), 341.
Prusse (roi de), 127.
Prye ou Prie, 40.
Prye (de), 218.
Pückler-Muskau (prince de), 16.
Pujet de Barbentane, 402.
Pulteney de Bath, 624.
Puntis, 680.
Puppi (comte de), 326.
Puy de Cressonville (du), 261.
Puy de la Batie, 550.
Puy-Melgueil (du), 42.
Puy-Montbrun (de), 356, 720, 739.
Puy de Roseil, 550.
Puy de Saint-Martin (du), 669.
Pycke (baron), 587.

Q

Quadt de Wyckeradt, 630.
Quarles de Quarles, 618.
Quarles van Ufford, 618.
Quarré, 615.
Quarré d'Aligny, 615.
Quarré de Verneuil, 615.
Quatrebarbes de la Rongère (de), 486.

Quecq, 642.
Quelen, 91.
Quelen (de), 31, 91, 92.
Quellence (de), 89.
Quenel de Coupigny (du), 453.
Quengo (de), 600.
Quentin de Champcenets, 649.
Quentin de Champlost, 649.
Quentin de la Salle, 649.
Quentin de la Vienne, 649.
Querelles, 92.
Querhoent (de), 75.
Quernheim, 596.
Quesne (du), 424.
Queux de Saint-Hilaire (de), 419
Quierieu, 81.
Quillien (de), 687.
Quillimadec, 134.
Quinson (de), 674.
Quimo, 388.
Quintus, 745.
Quiqueran de Beaujeu, 114, 368.
Quirit, 352.

R

Rabelais, 216, 329.
Rabier (de), 357.
Raczinski, 745.
Radcliffe, 734.
Radermacher, 530.
Radeval de Selletot de Barre, 733.
Radolin-Radolinski (comte), 48.
Rædt, 624.
Raffelis de Broves, 126.
Ragon de Bauge, 411.
Raguet de Brancion, 404.
Raguse (maréchal duc de), 242.
Rahier, 111.
Raigecourt-Gournay, (le marquis de), 146.
Raimond-Modène, 294.
Rais (de), 624.
Raison du Cleusiou, 333.
Rallhof, 750.
Rambaud, 95.
Rambercourt (de), 556.
Ramdohr, 515.
Rampont (de), 493
Ramsay, 666.
Ranc de Vibrac (du), 432.
Rancher, 42.
Randoing, 437.
Ranguendy (de), 420.
Ranzow, 575, 626.
Rasoir, 349.
Rasse, 741.
Rat, 422.
Rathdown (comte de), 118.
Rauchicourt, 345.
Raussin, 723.
Ravard de Tressoleil, 498.

Ravel, 383, 614.
Ravinel (de), 399.
Raviot (G.), 281.
Raymond (de), 401.
Raynal (de), 625.
Raynaud (de), 445.
Reaulx (des), 302.
Rébaumont (de), 396.
Rechignevoisin (de), 619.
Reclus de Gageac (de), 453.
Recourt, 303.
Récourt (Didier de), 81.
Recourt du Sart, 26, 30.
Reden, 751.
Reede Ginkel d'Athlone, 525.
Reede d'Oudtshoorn, 525.
Reeve de la Pole, 597.
Refuge (du), 24, 359.
Regard, 25.
Regenthal (baron de), 196.
Régiment de la calotte (le), 186, 285.
Regina (duc de).
Regnard de Lagny, 393.
Régnauld, marquis de Bissy, 21.
Regnauld de Bellescise, 20.
Regnauld de Champagneux, 565.
Régnier (de), 423.
Regnon, 194.
Regnouard, 314.
Reid de Barra, 553.
Reiffenberg, 749, 753.
Reiffenberg (de), 628.
Reims (ville de), 73.
Reiset, 102.
Rembry, 663.
Remerville, 6, 194.
Remsen, 580.
Renard, 554.
Renard (Simon), 306.
Renard de Bussi (de), 575.
Renard du Serre, 192.
Renaud d'Avenne, 446.
Renault de de Longueval, 623.
René, 144.
Rendorp, 737
Rendorp van Marquette, 737.
Renduffe (de), 644.
Réné II (d'Anjou), 400, 438.
Réné d'Anjou, roi de Sicile et de Jérusalem, 64.
Renel (de), 687.
Renesse, 81.
Renoard (André de), 162.
Renouard de Bussière, 566.
Renouard de Fleury, 314.
Rensey (de), 438.
Renty, 283.
Réole (ville de la), 348.
Repelaer, 585.
Repoux, 486.
Requena (de), 354.
Restaurand de Lirac (de), 736.
Restaurant, 364.
Rethaan Macaré, 503.
Réthel (ville de), 631.
Retz (cardinal de), 224.
Révcl (de), 555.
Reviers de Mauny (de) 400, 414.
Revol, 704.

Rey (Guillaume), 501.
Reymondis, 5.
Reymons (de), 647.
Reynard de Lagny, 393.
Reynauld, 547.
Reynegom, 280.
Reynegom Van Buzet, 633.
Reynell, 543
Reynier (de), 149.
Reynold de Sérézin, 630.
Reynolds-Moreton, 591.
Rhedey de Hohenstein, 718
Rhéina-Wolbeck, 749.
Rhoden, 751.
Rhodes, 420.
Riancey (de), 741.
Riant, 560.
Ribère (les), 276.
Ribier (Guillaume), 328.
Ribton de Woodbrook, 496.
Ricard (le comte de), 12.
Ricaume, 560.
Riccé, 268.
Rice, 295.
Richard, 10, 40, 79, 276, 454.
Richard de la Barollière, 438.
Richard de Béligny, 623.
Richards de Pontoue (des), 648
Richardson Bunbury, 734
Richardson de Pencaitland, 736.
Riche d'Aimois (le), 444.
Richelieu, 77, 297.
Richelieu (le cardinal de), 39, 101, 205, 217, 218, 310, 474.
Richelieu (Armand-Jean Du Plessis de), 479.
Richemond (duc de), 90.
Richemont, 446.
Richerand, 533.
Ricketts, 604.
Ricouard, 322.
Riddell d'Ardnamurchan, 710.
Rieux (de), 25, 333, 698.
Rieux (maréchal de), 338.
Rieux d'Ancenis (de), 698.
Rieux de Chateauneuf (de), 698.
Rieux de Donger, 698.
Rieux de Largonet (de), 698.
Rieux d'Ouessant (de), 698.
Rieux de Sourdéac (de), 698.
Rigaud, 445.
Rigon de Magny, 381.
Riollet de Mortreuil (de), 390, 594.
Riou, 94, 201, 523.
Riou de Kerangouëz, 543.
Rioust, 40.
Ripanti (de), 13.
Riquetti-Mirabeau, 170.
Risot, 628.
Rivall, 748.
Rivarol, 178.
Rivet (baron), 572.
Rivett Carnac, 654.
Rivers, 644.
Rivers de Chafford, 644.
Rivière, 256.
Rivière (de), 435.
Rivière (de la), 343.
Rivière (la), 216.

Rivoire (de), 547, 647.
Rivoire, 208.
Rivoire du Palais (de), 647.
Rivoire de Romagnen, (de), 647.
Roanne (ville de), 425.
Robard (Pierre), 43.
Robartes de Radnor, 315.
Robaulx, 275.
Robe (maison de), 236.
Robe-Mirebel, 255.
Robecourt (de), 541.
Robert du Gardier, 506, 683.
Robert II de la Marck, 305.
Robertet (Florimond), 116.
Robiano de Borsbeck 457.
Robiano d'Hougoumont, 655.
Robien, 286, 293.
Robien (de), 190.
Robien (le), 526.
Robin-Barbentane, 248.
Robin Canolle de la Thibaudière, 493.
Robinson, 669.
Robinson (Comte Ripon), 121.
Robinson de Beverley, 611.
Robinson de Newby, 740.
Robuste, 21.
Rocault d'Oury, 671.
Rochas, 427.
Rochas d'Aiglun (de), 599.
Rochas de Chateaurédon, 437.
Roche (de la), 113, 620.
Roche (la), 175.
Roche Aymon (la), 485, 499.
Roche de Carass, 440.
Roche-la-Carelle (de la), 321 620.
Roche-Fermoi (la), 353. 450, 533
Roche-Fontenilles (la), 67 129.
Roche-Jacquelain(la),306, 344, 354.
Roche de Nully (de la), 620
Roche Poncié (de la), 620.
Roche du Sauvage (de la), 620.
Rochechouart, 18, 478.
Rochechouart (Louis de), 206.
RochechouartMortemart, 30.
Rochefort,35,182,546,696.
Rochefort (Claude de), 383.
Rochefort (Guillaume de), 381.
Rochefort (Hugues de), 381.
Rochefoucault (la), 45, 510.
Rochelambert (la), 17, 211, 353, 573.
Rochelle (ville de la), 299.
Rochemore, 288.
Rochepot (de), 634.
Roches d'Aiglun, 520.
Roches de Chassay (des), 509.

Roches de Marit (des), 509.
Rochetin (de), 411, 649.
Rochette (la), 121,484,718.
Rochon de Lapeyrouse (de), 634, 701.
Rocles de Tauriers (de), 514, 602, 711.
Roclis Brimarais (de), 649.
Rocquigny (de), 632.
Rodborough (de), 612.
Rodde (la), 26.
Rodde de Saint-Haon, 469.
Rodellec, 35.
Rodellec (le),51, 187.
Roden (le comte de), 102.
Rödern, 641
Rodez (ville de), 109.
Rodier, 400.
Rodney (lord), 563.
Roe de Brundish, 698.
Roeux (du), 514.
Roffignac (de), 514, 604, 726.
Rogemont, 15.
Roger, 144.
Roger de Bellegarde, 157.
Roger de la Lande (de), 450.
Rogers de Wisdome, 569.
Roguet, 448.
Rohan, 10, 249, 287.
Rohan (de), 19, 600, 634.
Rohan Chabot, 53, 254
Rohan Guéménée (de), 668.
Rohan-Guéménée-Rochefort (de), 600.
Rohan-Guéméné (princesse Anne de), 315.
Rohde, 541.
Roie (le sieur de), 286.
Roison (de), 583.
Roland de la Platière, 633.
Rolfe Cranworth, 599.
Rolin, 213.
Rolin (Nicolas), 553.
Rolland, 217.
Rolland de Villarez, 495.
Rolle, 547.
Rollin, 50.
Rollo (baron), 173.
Rollo (lord), 120.
Romanans (de), 485.
Romanzoff (comte de), 224.
Romay (de), 484.
Rome (les *Incitati*, à), 63.
Romey (de), 425.
Ronchevol (de), 395.
Rönne, 595.
Rons, comte de Stradbroke, 166.
Ronow de Bieberstein, 631.
Roomann,729.
Roper Curzon Teynham, 669.
Roque (de la), 47.
Roquefenil (Claude de), 230, 275.
Roquefeuil (de), 180, 539.
Roquemaurel, 525.
Roquette-Buisson, 392.
Rorthays de Saint-Hilaire (de), 466, 634.
Roscoff (ville de), 287.
Rose (de), 388.
Rosel de Servas, 532.
Roselly de Lorgues (de), 749.

Rosen (de), 492.
Rosières, 128.
Rosières (de), 274, 308.
Rosières d'Euvesin (de), 542.
Rosily Mesros (de), 596.
Roslan, 109
Rosmadec (de), 347.
Rosmadec (Sébastien de), 363.
Rosmadec de Tivarleu, 88.
Rosnel (du), 422, 667.
Rosnyvinen (de), 66.
Rosnyvinen de Maure (de), 562.
Rosnyvinen de Piré, 220.
Rospiec (de), 108.
Ross, 688.
Ross (comte de), 151
Ross de Balnagown, 666.
Ross de Craigie, 589.
Rossel, 108.
Rosseneneck (baron de), 139.
Rosset, 401.
Rosset-Amareins, 175.
Rossner, 139.
Rostolan, 450.
Rostrenen, 307.
Rostrenen (de), 237.
Rothschild, 52.
Roualz (du), 258, 296.
Roucy (de), 634, 717.
Roue-Harenc (de la), 227.
Rouen (maison de), 79.
Rouen (ville de), 48, 656.
Rouher de Juliac, 430.
Rouillé de Boissy du Coudray, 198, 537.
Rouillé de Marbeuf (de) 537.
Rouillet de Beauchamps, 712.
Roupell, 109.
Roure (du), 31, 106.
Rous (de), 435.
Rous de la Mazelière (de), 488.
Rouse Boughton, 575.
Rousseau de la Brosse, 564.
Rousselot, 234.
Roussy (de), 547.
Rouvère, 115.
Rouvière fils, 329.
Rouville (L. de), 617.
Rouvrois (de), 363.
Roux (de), 484, 515, 558.
Roux (le), 237, 243.
Roux de Puyvert (de), 506, 615.
Rouxelin de Formi, 412.
Rouzé (de), 635.
Rowley de Hill-House, 716.
Royer (le), 117, 262.
Royer-Collard, 565.
Roys (de), 539.
Roze, 428.
Rozen, 189,
Rozerot, 314.
Rozeron du Mas (de), 647.
Rozevignan (P de), 220.
Rozière (de), 671.
Rubempré (Ph. de), 624.
Rudel du Miral, 467.
Ruel (de), 726.
Ruescas, 705.
Ruffié (de), 646.
Ruffin, 587.
Ruffo de Calabria, 403, 576.
Ruffo (Fabricius), 547.

Ruffo-Lafare (de), 369.
Ruiseco, 638.
Rulhe, 635.
Rumain (de), 624.
Rumet, 167.
Rumfort (comte de), 82.
Ruolz (les), 333
Ruolz-Fontenay, 498, 539, 693.
Ruolz Montchal, 539.
Rupelmonde (de), 624.
Rupelmonde de Warangest, 624.
Ruppière, 324.
Rushout Northwick, 583.
Russel de Charlton, 557.
Rutherford de Teviot, 590.
Rutherford, 548.
Rüxleben, 576.
Ruyant de Cambronne, 422.
Ryan (baron de), 190.
Ryard, 704.
Ryder de Harowby, 652.
Rye (Louis de), 217.
Rye (Marc de), 136.

S

Sabbatiers (les), 249.
Sablon du Corail (de), 668.
Sabran, 485.
Sabran (comte de), 216.
Sackville de Dorset, 693.
Saesi (la maison de), 272.
Saillans, 75, 367.
Saillard (baron), 574.
Saillet (de), 507.
Sailly, 84.
Sailly (de), 435.
Saint (le), 98.
Saint-Alban (duc de), 29.
Saint-Albin (Charles de), 288.
Sainte-Aldegonde (comte de), 221.
Saint-André (maréchal), 216.
Saint-André (ordre de), 147, 209.
Saint-Asaph, 514.
Saint-Aubin du Plumelec (de), 638.
Saint-Belin, 101.
Saint-Bonnet (de), 612.
Saint-Chamans, 214.
Saint-Chamas (de), 427.
Sainte-Chapelle de Dijon (la), 134.
Saint-Clair-Erskine de Rosslyn, 633.
Sainte-Colombe (de), 315.
Saint-Cric (de), 628.
Saint-Cricq-Casaux (de), 440.
Sainte-Croix de la Bretonnerie (chanoines de), 490.

Saint-Denis (ville de), 199.
Saint-Denis (les religieux de), 130.
Saint-Dizier, 628.
Saint-Etienne d'Auxerre (le chapitre de), 100.
Saint-François de Sales, 383.
Saint-Gelais (Armande de), 502.
Saint-George (de), 637.
Saint-Georges (le chevalier de), 280.
Saint-Georges de Blanderati, 565.
Saint-Georges de Verac (marquis de), 215.
Saint-Germain, 109, 245, 574.
Saint-Germain (de), 433, 460.
Saint-Germain-en-Laye (ville de), 650.
Saint-Gresse (de), 349.
Saint-Hilaire (de), 418.
Saint-Hylaire, 14.
Saint-Janvier (ordre de), 153.
Saint-Jean-de-Losne (levée du siège de), 343.
Saint-Jean de Pointis (de), 399.
Saint-John Bollingbroke, 547.
Saint-Lawrance, 273.
Saint-Lazare et du Mont-Carmel (les chevaliers de), 24.
Saint-Leger, 71.
Saint-Léger Doneraile, 477.
Saint Louis, roi de France, 66, 140, 264, 482.
Saint-Louis (ordre de), 33.
Sainte-Madeleine (ordre de), 174.
Saint-Marc (Clément de), 48.
Sainte-Marie-d'Agneaux (de), 461.
Saint-Martin de Poitiers (collège de), 131.
Saint-Martin d'Aglié, 146, 291, 640.
Saint-Maur (congrégation de), 242.
Sainte Maure (de), 637.
Sainte-Maure-Montausier, 349.
Saint-Maurice (de), 493.
Saint-Maurice-Châtenois (le marquisde) 18, 249.
Saint-Mauris (de), 432.
Saint-Mauris Falerans, 518
Saint-Mauris en Montagne, 59.
Saint-Michel (ordre de), 144.
Saint-Omer (la ville de), 109.
Saint-Paul (de), 515.
Saint-Pern (de), 118, 467.
Saint-Phale, 417.
Saint-Phalle, 378, 396, 506.
Saint-Pierre-le-Moutier, 603.
Saint-Pol (le comte de), 204, 386.
Saint-Pol-de-Léon (ville de), 223.

Saint-Pont, 198.
Saint-Quentin (de), 491.
Saint-Quentin (archers de), 416.
Saint-Quentin (arquebusiers de), 435.
Saint-Quentin (notaires royaux de), 295.
Saint-Romain (de), 465.
Saint-Roman (de), 573.
Saint-Sardos de Mondenard (de), 693.
Saint-Sévère, 37.
Saint-Souplis, 53, 370.
Saint-Valier, 273.
Saint-Vallier (de), 619.
Saint-Victor (de), 706.
Saint-Victor de Marseille (Chapitre de), 444.
Saint-Waast, 540.
Saint-Yrieix (De), 638.
Saintes (Claude de), 361.
Saisy, 198.
Saix (de), 564, 623.
Salat (de), 403, 546.
Salaun, 129.
Sales, 526.
Sales (de), 214, 337, 347.
Sales (François de), 378, 383.
Sales de Bagneville (de), 510.
Sales, de Bullegneville, 175.
Sales (Galois de), 379.
Sales (Jean de), 376.
Salignac de Fénelon (de), 402.
Salinis, 304.
Salis, 217.
Salis Marschlins, 535.
Salis Mayenfeld, 659.
Salis Soglio, 638.
Salis Zizers, 609.
Salisbury Trelawny, 651, 734.
Salles de Hys-Castelbon (de), 463.
Sallmard de Ressiz, 505.
Salm, 235.
Salm - Reifferscheid (Pce de), 261, 617.
Salmon du Chastellier, 122, 198.
Salomon, 129.
Saluces, 656.
Salus de la Mante, 513.
Salusbury, 643.
Salvage de Faverolles 566.
Salvaing, 270.
Salvaing (de), 22, 520.
Salvaing (Aymond de), 168.
Salvaing (Denys de), 281.
Salvaire d'Aleyrac, 299.
Salvandy (Comte de), 127, 673.
Salvert (De), 654.
Salzgeber, 572.
Samatan (de), 421.
Saméon, 509.
San-Martino, 517.
Sancerre (de), 570
Sandilands Torpchipen, 667.
Sandras (de), 655.
Sandrier (Jacques), 90.
Sandys d'Ombersley, 607.
Sansay (de), 290.
Santheuvel, 524.
Santi, 730.
Santignon (de), 468.

Sapin, 145.
Sapin (de), 611.
Sapin de Malchastel (de), 480.
Saporta (comte de), 116.
Sarlat (ville de), 461.
Sarrasin (J.), 247.
Sarraz (de la), 643.
Sarrazin de Bonnefons, 508.
Sarrazin de Chambonnet 603.
Sarrebourg (ville de), 427.
Sarrelouis (ville de), 77.
Sarsfield (de), 364.
Sart (du), 476.
Sart de Molambais (du), 443.
Sartiges (de), 183.
Sassenage, 306, 345, 642.
Sassenayes, 165, 324.
Satgé de Thoren (de), 677.
Saucourt (de), 643.
Sauget, 239.
Saulieu (de), 412.
Saulnier de Praingy, 453, 670.
Saulx (de la), 436.
Saulx-Tavannes (de), 276, 298, 643.
Saumery, 15.
Saunderson Castleton, 500, 640.
Saunier de Faber, 476.
Saurin (de), 355.
Saussaye (de la), 420.
Sautyn, 700.
Sauvage, 428.
Sauvage des Marches, 746.
Sauvage de Saint-Marc 746.
Sauvage de Verdun, 409.
Sauvageot, 444.
Sauvaget, 73.
Sauvan d'Aramon (de). 658.
Sauvanelle (de), 666.
Sauvaneuil (de), 666.
Sauvecanne (de), 657.
Sauvigney (de), 560.
Sauville (de), 464.
Sauzay, 422.
Savaron (de), 706.
Saveuse (de), 643.
Savoie, 441.
Savoie (La Maison royale de), 107.
Savoie (M.-L.-G. de), 2.
Savoie (Charles, duc de), 568.
Savoie (Chrétienne de France, duchesse de), 250.
Savoie (Emmanuel-Philibert, duc de), 671.
Savoie (Humbert de) 497.
Savoie (Jacques, bâtard de), 383.
Savoie (Louise de), 244, 322.
Savoie (Maison de), 115, 119, 122.
Savoie (Marie-Adélaïde de), dauphine, 317.
Savoie (Philippe de), 582.
Savonnière, 386.
Savonnières, 76.

Savot, 575.
Savoye (de), 636.
Savoye-Raconis, 336.
Saxe (Guillaume, duc de), 338.
Saxe (Marie-Josèphe de) Dauphine, 49, 104, 175, 188, 190, 209, 269, 315.
Sayn Wittgenstein, 738.
Sayslo ou Sacsi, 272.
Sayve (de), 353.
Scaliger (Joseph-Just.), 19.
Scalion de Virbluneau d'Ofayel, 488.
Scarlett Abinger, 677.
Scarron, 475.
Scarron (Pierre), 368.
Scépeaux, 153.
Scey (de), 596.
Schaffgotsch, 738.
Schauss Kempfenhausen, 625.
Schele, 591.
Scherard de Harborough, 514.
Scherbler (baron de), 363.
Scherff, 589.
Schietere (de), 577.
Schilde, 658.
Schimpff, 587.
Schinckell, 640.
Schinne, 589.
Schlabrendorf (comte de), 264.
Schlepegrell, 737.
Schlitz, 680.
Schmidt de Hall (baron), 233.
Schœnborn, 609.
Scholl (baron de), 364.
Schoorman, 452.
Schülte von der Lühe, 563.
Schultz (de), 53.
Schulzen, 751.
Schwarzkopf, 745.
Schwerin, 560.
Scott d'Abbotsford, 629, 751.
Scott Douglas, 610.
Scott de Dunnidald, 670.
Scott d'Eldon, 644, 659.
Scott de Harden, 629.
Scott de Hartington, 628.
Scott de Martinville, 680.
Scribe, 147.
Scrope de Cockerington, 563.
Scudamore Stanhope, 388.
Sebille, 663.
Secondat de la Brède de Montesquieu, 739.
Sédan (ville de), 344, 544.
Segoing, 248.
Seguier (le baron), 147.
Seguier (le chancelier), 57.
Seguier (Pierre), 166, 240.
Séguin de Jallerange, 416.
Séguin, 537.
Séguins (de), 686.
Séguins d'Aubignan (de), 652, 661.
Séguins de Cabassol (de), 653, 661, 686.
Séguins de Cohorn (de), 652, 661.
Seguins Cohorn de Vassieux, 573, 686.
Séguins de Pazzi (de), 653, 661.
Séguins Pazzi d'Aubignan (de), 686.

Seigneux (baron de), 89.
Selmandy de Saint-Gervais, 344.
Selby, 649.
Selkirk (Douglas), 161.
Selles (de), 644.
Sellières, 567.
Selve de Sarran (de), 667.
Semonville (Huguet de), 39.
Senarclens de Grancy, 291, 713.
Sénegay, 597.
Senecey, 158, 365.
Senevoy (de), 740.
Senfft de Pilsach (comte de), 108.
Senocq, 650.
Sens de Morvan (le), 612.
Sens (ville de), 461, 570.
Seraing, 651.
Sercey, 2.
Sérennes (de), 592.
Sergeant (le), 640.
Sergeant de Monnecove (le), 573.
Sérignan (lord), 515.
Serinchamps (de), 401.
Sermange, 228.
Sermizelles (de), 668.
Serpèze (de), 674.
Serpillon, 43.
Serre, 35, 410.
Serres (de), 664.
Serres du Pradel (de), 428, 453.
Serret, 617.
Servin, 593.
Seton d'Abercorn, 477.
Seton de Dunfermline, 644.
Seton de Pitmedden, 533, 679.
Seton Stewart, d'Allanton, 732, 743.
Settala, 699.
Seutin, 454.
Sève (de), 501.
Sevin (de), 729.
Sevin de Miramion, 728.
Sévin du Pecile (de), 729.
Seymandy de Saint-Gervais, 344.
Seymour de Constant, 146.
Seyturier, 308.
Seze (l'avocat de), 361, 431, 514, 526.
Sforce (François), 273.
Shaw, 684, 687.
Shaw d'Eltham, 727.
Shaw Lefevre Eversley, 639.
Shaw Stewart, 667.
Shore Teignmouth, 590.
Sibbald (de), 389.
Sibert de Cornillon (de), 647.
Sibierd de Saint-Ferreol, 390.
Sibour (Mgr), 524.
Siccama, 598.
Sicile (Jeanne Ire, reine de), 271.
Sicleers, 586.
Sidney de l'Isle, 623.
Sidney de Leicester, 623.
Sieyès (de), 389.
Sigault de l'Epinoy, 661.
Silguy (de), 240.
Sille (de), 656.
Sillery de Genlis, 404.
Silly (de), 681.

Silvecane (de), 502.
Siméon, 652.
Simiane, 43, 163.
Simiane (de), 432, 679.
Simiane (les), 325.
Simissen de Cortenberg, 719.
Simmons, 492.
Simon, 45.
Simon de Montfort, 100.
Simond de Sismondi, 415.
Sina (baron de), 299.
Sinclair de Longformacus, 683.
Sinclair d'Ulbster, 391.
Sinéty (de), 366, 487.
Sirant, 668.
Siredey (Jean), 4, 281.
Sirtema de Grovestins, 544, 559.
Sivry (de), 711.
Six de Hillegom, 673.
Six d'Oterleek, 673.
Sixte-Quint, 71.
Skeffington, 629.
Skene de Curriehill, 744.
Skipwith de Metheringham, 640.
Slingsby de Bifrons, 717.
Smallegange, 588.
Smissaert, 256.
Smith, 329, 647, 685.
Smith Carrington, 685.
Smith de Pickering, 612.
Smith de Sidling, 647.
Smith de Tring, 528, 647.
Smyth, 617.
Smyth de Long-Ashton, 617.
Smythe, 628.
Smythe Strangford, 732.
Snouck Hurgronje, 530.
Snoy, 519.
Soastres, 218.
Société des bibliophiles français (la), 97.
Soden, 548.
Sohier de Warmenhuysen, 673.
Soinot (J.), 149, 268.
Soissons (Chambre des notaires de), 179.
Soissons-Moreuil (de), 299.
Solages (de), 310.
Solara, 328.
Solminihac (de), 464.
Somers Cocks, 608.
Somerset de Beaufort, 543.
Sommaruga (baron de), 126.
Sommerset (le duc de), 121.
Sorbonne (maison de), 372.
Sordeval (de), 440.
Sorel (de), 568.
Soubeyran de Saint-Prix (de), 392.
Soubov, 533.
Soultrait (de), 650.
Sourdeau de Ramignies-Chin, 69.
Southwell, 547.
Souverain de Vismes, 597.
Souvert, 13.
Souzaincourt (de), 599.
Soyecourt, 409.
Soyecourt (de), 665.
Spaen, 747.
Sparier (le), 334.
Sparre de Cronenberg, 609.

Spée, 668.
Spencer (le comte), 73.
Spiégel, comte de Diesemberg, 198.
Spinola (Ambroise), 721.
Spirley, 671.
Spitzweck, 593.
Splan (le), 249.
Splitgerber, 587.
Spontini de Saint-Andrea, 671.
Spörcken, 737.
Sprecher de Bernegg, 599.
Spreti (comte de), 330.
Spreti de Weilbach, 687.
Spring de Packenham, 564.
Stafford, 730
Stainville (Charles de), 303.
Stamfort (chevalier), 279.
Stamer de Beauchamps, 665, 739.
Stampa, 665.
Stanhope, 388, 455.
Stanley d'Alderley, 639.
Stapleton, 111, 610.
Stapleton Beaumont, 535.
Stapleton Corton, 638.
Stas de Richelle, 611.
Stassart de Corioul, 647.
Stata (J.), 151.
Stawel (baron), 91.
Steen de Jehay (van den), 626, 646.
Stéphanopoli de Comnène, 458.
Stewart, 661.
Stewart de Blessington, 555.
Stewart de Fort-Stewart, 555.
Stewart de Galoway, 661, 729.
Stewart de Grandtully, 613.
Stewart de Londonderry, 534.
Stewart lord Ochiltree, 584.
Stewart d'Orkney, 654
Steyn, 733.
Stirling de Glorat, 647.
Stockmar (baron de), 302.
Stolberg, 670.
Stoltzenberg, 699.
Stomhouse d'Amberden, 675.
Stopford de Courtown, 585.
Stourdza (de), 711.
Stourton (le baron), 184.
Strachan de Thornton, 568.
Strafford (comte de), 89.
Straten-Ponthoz, 259.
Straten Waillet (van der), 605.
Stratford d'Aldborough, 742.
Strathallan, 606.
Strick de Linschoten, 736.
Strickland (baronnet), 12.
Stronge, 686.
Strozzi, 176, 408, 542.
Strozzi (Ch.), 625.
Strutt Belper, 611.
Suarez d'Aulan (de), 528, 708.
Stuart, 31.
Stuart (Charles-Edouard), 326.
Stuart (Le prétendant

François-Édouard), 280.
Stuart (Marie), 82.
Stuart Blantyre, 661.
Stuart, comte de Moray, 289.
Suau (de), 434.
Subsainlegier (de), 515.
Sudermanie (Charles-Philippe, duc de), 378.
Suède (Gustave-Adolphe, roi de), 379.
Suède et Norwége, 446.
Suffren-Saint-Tropez, 75.
Sugden Saint-Léonards, 505.
Suger, 431.
Suger (l'abbé), 294.
Suisses (drapeau des), 79.
Sulkowski, 337, 697.
Sullivan, 508.
Sully, 21, 231.
Sully (Maximilien de Béthune, duc de), 276.
Sumis de Verneuil, 460.
Suremain de Missery, 416.
Surirey, 593.
Surirey de la Rue, 644.
Surmont de Volsberghe, 491.
Susan, 536.
Susini de Sartène (de), 635.
Sussex (le comte de), 121.
Sutherland Dunbar Duffus, 676.
Sutherland Duffus, 782.
Sutton (baronnet), 333.
Suzannet (de), 717.
Swinburne de Capheaton, 644.
Sydney (Victor de), 81.
Symons de Mynde, 657.
Synge Hutchinson, 567.
Sytzama, 626.

T

Taafe (comte de), 150.
Tabouillot, 390.
Tabourot (le poëte), 24, 318, 375.
Taffin, 244.
Taillard, 18, 122.
Taille (la) des Essarts, 155.
Taille (Jean de la), 156.
Taille (Lancelot de la), 221.
Taillefer, 122.
Taillefer (de), 223, 325.
Taillepied de Bondy (de), 23.
Talaru Chalmazel, 732.
Talbot (de), 259, 406.
Talboy (de), 647.
Tallenay (le marquis de), 201.
Talleyrand (le Prince-Duc de), 283.
Talleyrand - Périgord (duc de), 283.
Tallien (Mme), 513.

Tancques, 681.
Tanguy de Nerlé, 446.
Tannoys (de), 618.
Tardieu de Maleyssie, 509, 683, 694.
Tardif de Montravel (de), 427, 488, 639.
Tardif d'Hamonville, 683.
Tardif de Moïarey, 683.
Tardif de Petiville, 683.
Tarente (les Macdonald, ducs de), 245.
Tarragon (de), 681.
Tartereau de Berthemont, 149, 389.
Tascher, 502.
Tascher des Grisons, 502.
Tascher de la Pagerie, 140.
Tauriac, 214.
Taverne de Montd'hiver, 498.
Tavernier de la Mairie (le), 631.
Tavignon, 150.
Tavora, 616.
Taylor de Lysson, 490.
Teilhard d'Eyri (de), 483.
Teillet du Cluzeau (du), 738.
Teillet de la Mothe (de), 738.
Teissier de Marguerittes, 550.
Tellier de Souvré (le), 194.
Tempest, 520, 548.
Tempest de Stella, 520.
Temple Chandos-Grenville, 684.
Temple Palmerston, 465.
Temple de Stowe, 685.
Teniers, 658.
Terès, 482.
Terès (Jean), 384.
Terpsichore (muse), 301.
Terrail (du), 613.
Terrat de Chantome, 606.
Terrier de Santans (de), 474.
Terrion (P.), 20, 58, 156.
Tertre (du), 440.
Terwangne, 503.
Tessé de Froullay (de), 596.
Tesson, 462.
Testart de Campagne, 388.
Testart de La Neuville, 388.
Testart de Valivon, 388.
Teste de Taney, 491.
Testu de Balincourt, 744.
Testu de Frouville, 744.
Testu de Menouville, 744.
Testu de Pierrebasse, 744.
Tevenin (Pierre), 238.
Texier d'Hautefeuille, 317, 388.
Textor de Ravisy, 622.
Thalie (muse), 15.
Thayer, 448.
Theiller, 684.
Theis, 69.
Theis (de), 389.
Thellusson-Rendlesham, 504.
Théophile de Vidu, 543.
Thepault, 75.
Thesiger Chelmsford, 668.
Thévenin, 643.
Thézan (de), 260.
Thézan de Saint-Geniez (de), 414.

Thezut, 275.
Thiard de Bissy (Claude de), 284.
Thiballier (de), 448.
Thibaud, 688.
Thibaud, évêque de Montpellier, 534.
Thibault, 423, 458, 534.
Thibault, comte de Champagne, 240.
Thibaut de Noblet de la Rochetulon, 558.
Thiboult (de), 390.
Thiboust (Claude), 153.
Thielmann (baron de), 279.
Thiembronne, 37.
Thiennes, 277, 621.
Thiennes (de), 689.
Thier (de), 452.
Thiercelin de Brosses, 396.
Thierry, 119.
Thierry (Amédée), 505.
Thierry (Denys), 76.
Thierry (de), 440.
Thierry (Rollain), 252.
Thiéry, 447.
Thollon, 637.
Thomas, 24, 219, 555.
Thomas (E.-P.), 490.
Thomassin, 391.
Thomelin, 6.
Thonel d'Orgeix, 297.
Thorigny, 37.
Thou (de), 430.
Thou (Jacques-Auguste de), 380.
Throckmorton, 735.
Thy (de). 462.
Thy de Milly (de), 462.
Thynne, marquis de Bath, 162.
Tichborne, 614.
Tieghem de ten Berghe, 534.
Tiercelin de Brosse, 397.
Tillet (du), 214.
Tillia (de), 419.
Tilly, 225.
Timur (de), 174.
Tinollaz (de), 399.
Tinseau (de), 141.
Tinseau (Ant.), 13.
Tisserand, 91.
Tisserant (J.), 267, 274.
Tisson de Montet, 156.
Tivollier (de), 660.
Tixier-Damas (de), 258.
Tixerant (Hugues), 166.
Tixerant (Pierre), 346.
Toco (Charles), 659.
Toiras (le maréchal de), 7.
Toison-d'Or (l'ordre de (la), 17.
Tolendal (la maison de), 168.
Tolez de Norbury, 628.
Tollenaere (de), 637.
Tondut de la Balmondière, 407.
Tonduti de Blauvac, 624.
Tonduti de l'Escarême, 453, 624.
Tonduti de Malijac, 624.
Tonnelier de Breteuil (le), 207, 208.
Tonson Riversdale, 526.
Toquet, 315.
Torchefelon, 235.
Torchefelon (de), 578.
Torini (de), 548.
Torvéon (de), 703.
Toscane (J. Gaston, duc de), 57.

Toscane (duché de), 679.
Touchard, 707.
Touchet, 497.
Toullier, 249.
Toulmon (de), 642.
Tour (du), 509.
Tour (Henri de la), duc de Bouillon, 63.
Tourchebœuf - Beaumont (de), 646.
Tour de Boulogne (la), 510.
Tour d'Auvergne (Fr.-Maur. de la), 320, 510.
Tour-du-Pin (de la), 56, 119, 341, 703.
Tour-du-Pin Chambly (de la), 703.
Tour-du-Pin de Gouvernet (de la), 703.
Tour-du-Pin Montauban de Soyans (de la), 703.
Tour-du-Pin de Verclause de Verfeuil (de la), 703.
Tournemine (de), 27.
Tournemouche (de), 250.
Tourneroche de Bourval (de), 741.
Tourneroche de Sainte-Marguerite (de), 741.
Tourneroche de Valmont (de), 741.
Tournes (de), 622.
Tournois de Bonnevallet, 703.
Tournon (cardinal de), 223.
Tournon - Simiane (le comte de), 27, 253, 515.
Touronce (de), 1,
Tour Saint-Quentin (de la), 689.
Tours (la ville de), 325.
Tour-Taxis (la), 246.
Tourtoulon (de), 703.
Tour Volaimes (de la), 575.
Toury (de), 386, 476, 643.
Toussaint (baron de), 151.
Toustain (de), 334, 691, 746.
Toustain de Carency (de), 691, 746.
Toustain de Frontebosc (de), 691, 746.
Toustain du Manoir (de), 746.
Toustain de Vaustaing (de), 691, 746.
Toustain de Viray (de), 691, 746.
Toutenoutre (de), 335, 337.
Toutenoutre de Kermarchant, 695.
Toutenoutre de Lehédec, 695.
Toutenoutre de Pénaurun, 695.
Tracy de Rathcoole, 532.
Trafford (de), 570.
Traille, 77.
Tramécourt (de), 731.
Trampe, 583.
Traonélorn (de), 192, 247.
Trappistes de N.-D. des Neiges, 225.
Travers, 452.
Tréanna (de), 658.
Tréaunois (de), 392.
Trédern (de), 133, 269.
Trefusis-Clinton (de), 338.
Treille, 77.
Tremoille (la), 161, 293,

444, 510, 580, 657, 677.
Trémoille (Jean de la), 210.
Trémoille (Louis de la), 62.
Tremoleti de Montpezat, 63.
Trench (baron), 367.
Trench Astown, 732, 743.
Trćouret (de), 289.
Tresséol (de), 671.
Trévégan (de), 641.
Trevelyan de Nettlecombe, 690.
Trevesach (les sœurs de), 188.
Trevon (de), 238.
Trevor Hampden, 719.
Tribauld (de), 399.
Tricaut (de), 523.
Trie, 37.
Trier de Tiége, 589.
Trimond de Puymichel, 150.
Trinitaires (les), 236.
Trinquère, 351.
Trippon, 493.
Tristan l'Hermite, 259.
Tristany, 428.
Trivisan, 677.
Trivulzio, 533.
Trockmorton, 541.
Trogoff (de), 335.
Trogoff-Coatalio (de), 695.
Trogoff de Roc'hmelech, 695.
Troistorrens, 705.
Trolong (de), 278.
Tromerie (de la), 646.
Tronchin, 679.
Tronchin (docteur), 308.
Tronson, 367.
Tronsson (de), 705.
Troplong (de), 324.
Trouffy (de), 611.
Trouyn de la Barbinaie, 431.
Troyes (arquebusiers de), 413.
Truchy (de), 507, 739.
Tubeuf, 179, 368.
Tubeuf (de), 745.
Tucher (baron), 308.
Tudual, 247.
Tullier, 460.
Turgot (de), 525.
Turpin (Pierre), 357.
Turpin de Crissé, 357, 720, 748.
Twisden, 604.
Twisleton de Barley, 722.
Tyberchamps (Charlé de), 169.
Tyrrel (baronnet), 291.
Tyron (de), 508.
Tyrwhitt de Stainfield, 534.
Tyszkiewicz Kalenicki, 545.

U

Université de Paris, 134.
Unterrichter de Rechental, 629.
Upton Templetown, 743.
Uranie (muse), 175.
Urbain (pape), 394.
Urbain VIII, 671.
Urgel de Saint-Briest (D'), 669.
Urre, p. 91, 709.
Ursins, 294.
Ursins (des), 404, 449, 660.
Urusky (Comte d'), 9.
Usevolojewski, 567.
Uslar Gleichen, 719.
Utenhovius, 375.
Uzard (D'), 640.
Uzois d'Auvais (D'), 646.

V

Vache (du), 242.
Vache de Saluces (du), 443.
Vachon, 311.
Vachon (de), 491.
Vaernewyck, 506.
Vagnet (de), 701.
Vaillac (de), 549.
Vaillant, 498.
Vaillant des Arbres, 649.
Vaillant de Bovent (le), 467.
Vaillant de Charny (le), 361.
Vaillant de Florival (le), 515.
Vaillon (le), 563.
Vairière (de), 387.
Val (du), 91.
Val (Pierre du), 372.
Val de Tocqueville (du), 466.
Valabre (Gautier de), 65.
Valbrune (de), 563.
Valentin (de), 452.
Valentine de Milan, 286.
Valery (de) 713.
Valette (Bernard de la), 130.
Valette (de la), 127, 217, 595.
Valette (Louis de la), 141.
Valette Chabriol (de la), 595.

Valette d'Epernon(de la), 668.
Valhkampf (de), 110.
Validire, 70.
Valier, 304.
Valladier (A), 677.
Vallat (de), 560.
Vallee de Pimodan de Rarécourt (de la), 541.
Vallette-Parisot (de la), 251.
Valleton (de), 470.
Vallin (de), 475.
Vallon 535.
Vallons (des), 570.
Valloure (de), 714.
Valmalette, 481.
Valois (Marguerite de), 221, 669.
Valon d'Ambrugeac (le comte), 195.
Valori, 398, 650.
Valory, 20.
Valpergue, 106.
Valsh, 338.
Valuizinay (de), 481.
Vançay (de), 176, 511.
Van Vive, 746, 747.
Van der Dussen, 548.
Van Leempoel de Nieuwemunster, 388.
Van Malder, 525.
Van der Mieden, 738.
Van Peenl, 637.
Van Soust de Borckenfeldt, 675.
Van de Wall, 733.
Vanderburg, 708.
Van der Laan, 590.
Vander Moelen, 577.
Vandevelde (J.-F.), 491.
Vandewerve, 390.
Vandonne (Dion de), 73.
Vane, 534.
Vanel (de), 633.
Vanel de Lisleroy, 634.
Vanneck, 82.
Varagne, 68.
Varaigne (de), 571.
Varange, 68.
Varanges (Catherine de), 137.
Varax (de), 715.
Varenard de Billy, 293, 642.
Varennes (J.-T. de), 57, 219.
Vargas, 553.
Varin d'Andeux, 302, 367.
Varin de Foutan, 341.
Varin de Noidans, 26.
Varkony (comte Amadé de), 16.
Varnery, 401.
Varoquier (François de), 302.
Vassan (la Maison de), 365.
Vassel de Lilleroy (de), 633.
Vasselot (de), 490.
Vasseur (le), p. 75.
Vassoigne, p. 74.
Vassor de Bonneterre(le), 649, 650.
Vassor de Latouche (le), 650.
Vassor de Longpré (le), 650.
Vassor de Tréville (le), 550.
Vassy, 46, 216.
Vassy (de), 451.
Vaucouleurs (de), 256.

Vaucresson (de), 631.
Vaucresson de Cormainville, 513.
Vaud (canton de), 517.
Vaudemont (Louise de), 23.
Vaudenay, 26.
Vaudrey, 23, 160.
Vaudrey (de), 162.
Vaugemont (de), 437.
Vaughan de Lisburne, 566.
Vauguyon (duc de la), 31.
Vaujalais (de), 672.
Vaulchard, 42.
Vaulx (de la), 427.
Vauthier de Baillamont, 467.
Vautravers (de), 694.
Vaux (de), 397, 538.
Vauxdimes, 76.
Vauzelles (Jean de), 57, 386.
Vayer (le), 50.
Vayer de Vanteville (le), 234.
Vaylac d'Eudeville (de), 634.
Vayssière de Verduran (de la), 404, 744.
Vedeau de Grandmont, 100.
Velasco (de), 682.
Ver.çois d'Estous (de), 694.
Vendôme(comtes de) 417, 584.
Veneur (Gabriel le), 222.
Venise (ville de), 587, 676.
Ventadour-Levy, 72, 85, 145.
Vento, 678.
Vento (les), 383.
Veny d'Arbouze (Gilbert de), 136.
Veranneman, 717.
Veras (les), 384.
Verchère de Reffye, 494.
Vercken, 717.
Verdier (du), 157.
Verdun (Drapeau de l'Arquebuse de), 297.
Verdun (ville de), 297.
Verdure, 388.
Verdussen, 734.
Vere de Currah (de), 718.
Verges de Chambors (du), 493.
Vergy, 344, 375.
Vergy (de), 293, 717.
Verheyen, 613.
Verita (de), 31.
Vermandois (le comte de), 354.
Vermeulen, 525.
Verne (de la), 355.
Vernée (de la), 307.
Verner, 607.
Vernette - Saint - Maurice (de la), 664.
Verney (comte), 345.
Verney Willoughby de Broke, 719.
Vernon (de), 562.
Vernon (baron), 355.
Vernon d'Amiguet (de), 718.
Vernon de Hodnet, 717.
Vernon Lyveden (de), 717.
Vernon-sur-Seine (ville de), 355.
Vernot de Jeux (de), 680.

Vernon de Bonneuil (de), 493, 709.
Verquigneul, 700.
Vers (de), 81.
Verthamon, 103.
Verthamon d'Ambloy (de), 430.
Vertus (de), 391, 747.
Vertus (ville de), 364, 727.
Vervins (ville de), 439.
Verzollo (ville de), 673.
Vesc (de), 584, 633.
Vesey Fitzgerald, 675.
Vesey Fitzgerald et Vesci, 653.
Vesey de Vesci, 675.
Vevey de Bussy, 448.
Veydt, 389.
Veyny d'Arbouze (de), 748.
Veyer (le), 50.
Veyrac (de), 440.
Veyrières (de), 622.
Viallart de Herse, 479.
Viard, 370.
Vias (de), 356.
Vichy, 326.
Vidal de Léry, 449, 592.
Vidart, 30.
Viefville (la), 357.
Viefville-Vignacourt (de la), 511.
Vieil-Castel, 452.
Vielcastel (de), 616.
Vienne (de), 1, 25, 232, 637.
Vienne (Antoine de), 370.
Vienne (Jacques de), 370.
Vienne (Louis de), 334.
Vienne en Dauphiné (ville de), 359, 559.
Viennois (dauphins du), 637.
Viesse de Marmont, duc de Raguse, 242.
Viez (de), 711.
Vigenere (Blaise de), 71.
Vigier de Mirabal (de), 572.
Vignau de la Lande de Luc (du), 437.
Vignaud de Villefort, 434.
Vigne (de la), 526.
Vignerot (Duplessis de Richelieu), 218, 400.
Vignier de Ricey, 340, 702.
Vignoles de Picquet de Juillac (de), 572, 645.
Vignot, 324.
Vilade (de), 401, 427.
Vilain XIV, 725.
Villaines de Saint-Aubin, 84.
Villamil, 432.
Villadary, 551.
Villardy de Montlaur (de), 743.
Villars (maison de), 117, 118.
Villars, 117.
Villars (maréchal de), 528.
Ville de Beaugé (de la), 689.
Villeaucomte (de la), 498.
Villebois (de), 532.
Ville-Ferolles (de la), 331.
Villegas de Clercamp, 360.
Villegas de Saint-Pierre, 725.
Villèle (de), 420, 698.

Villèle, 338.
Villembourg, 494.
Villemor, 83.
Villemur, 83.
Villeneuve, 180, 304.
Villeneuve (de), 544, 548, 589, 720, 721.
Villeneuve - Vence (le marquis de), 24, 245.
Villequier (Aumont, duc de), 346.
Villeneuve de Bargemont (de), 589.
Villeneuve-Burlet (de), 344.
Villeneuve Esclapon(de), 589.
Villeneuve de Trans (de), 589.
Villenoir, 10.
Villerase de Castelnau, 222.
Villeroy (le maréchal de), 496
Villeroy (le marquis de), 208.
Villers (de), 725.
Villers la Faye (de), 514.
Villers de Lagnicourt, 566.
Villette (de), 694.
Villiers (de), 479.
Villiers de Grignoncourt (de), 387.
Villiers de l'Ile-Adam (de), 174, 353, 508, 715,
Vimeur de Rochambeau (de), 748.
Vincent, 127, 234, 726.
Vincent (de), 458, 650.
Vincent de Debden, 726.
Vincent de Panette, 726.
Vincent Perlonas, 726.
Vincent-Savoilhans, 10.
Vinchant, 726.
Vindham, 25.
Vintimille, 205, 257.
Vintimille (de), 422, 603.
Virey (Jean-Christophe), 478.
Virieu, 495.
Virieu (de), 728, 746.
Viron, 581.
Virot, 362, 736.
Viry, 31.
Vischer, 291.
Vischer de Celles, 291.
Visien (de), 419.
Visme (de), 497.
Vissec de la Tude de Ganges, 309.
Vitaliano, 454, 619.
Vitton de Saint-Allais, 297.
Vivès (de), 541.
Vivian, 746.
Vivier de Fay-Solignac (du), 212.
Vivonne (duc de), 339, 346, 701, 706.
Vogüé (le comte de), 118, 311.
Vogüé de Montlaur, 360.
Voiron, 745.
Voisin, 319.
Voisins de Cuxac, 262.
Von der Borch, 576.
Von der Osten, 695.
Voodbroock, 549.
Vooght (de), 388.
Vouglans (de), 576, 749.
Voyer de Paulmy d'Argenson (le), 368.
Voysin de Gartempe, 421.

Vraincourt (J. de), 716.
Vrède (prince de), 367.
Vrière, 281.
Vrillière (Phelypeaux de la), 154.
Vuillafrans (de), 138.
Vulpelli, 317.
Vulson de la Colombière, 156, 255, 708.
Vyan de la Garde, 396.
Vyle (de), 477.

W

Wachter-Lauterbach (baron de), 148.
Waddington, 529.
Wake, 722.
Wakemon de Perdiswell, 548.
Walckenaer, 650.
Waldegrave, 584.
Waldegrave de Radstock, 638.
Walker, 555, 625.
Walker (de), 579.
Wallace de Craigie, 666.
Walle, 608.
Waller (baronnet), 135.
Wallis, 621.
Wallis de Karighmain, 621.
Wallop, 91.
Walls, 29.
Walltham (baron), 195.
Walsh (vicomte), 298.
Walsh (de), 646.
Walsham, 675.
Walsh-Serrent (de), 646, 699.
Waltz, 261.
Walwein, 94.
Wandelaincourt (de), 523, 537.
Wandesford, 637.
Wangenheim Winterstein, 719.
Wapenaert d'Erpe, 645.
Wappers, 627.
Ward (le baron), 51.
Ward Bangor, 675.
Waren (de), 543, 646.
Warenghiem (de), 745.
Warin, 747.
Waroquier, 11, 85.
Waroquier (François de), 279, 477.
Warren, 513, 564.
Warren (lord), 717.
Warren de Tabley, 686.
Washington (baron de), 100.
Wassenaer, 536.
Watervliet, 732.
Wathier, 396.
Watson Wentworth de Rocingham, 529.
Watteville, 676.
Wattman Maelcam-Beaulieu, 750.

Wauters de Besterfeld, 723.
Wauters de Chenedisque, 723.
Wavrin (de), 373.
Wavrin d'Hélissart, 537.
Wedderburn de Balindean, 561.
Weir de Blanckwood, 554,
Weis-Albi, 394, 585, 586.
Welby de Denton, 390.
Wellesley-Cowley, 597.
Wellesley Pole de Maryborough, 597.
Wellestey de Wellington, 743.
Wemys-Charteris, 165, 688.
Wenkstern, 735.
Wenman, 576.
Wentworth (vicomte), 244.
Wenvoe (de), 732.
Wercker Gort, 728.
Werde (van de), 658.
Werner de Veltheim, 545,
Wessemberg Ampringen, 626.
Westenra de Rossmond, 589.
Western de Rivenhall, 548.
Westphalen zu Fürstemberg (le comte de), 103.
Wettberh, 699.
Wheate, 732.
Whettnall, 738.
Whichcote (baronnet), 168.
White d'Albyville, 648.
White de Bautry, 688.
Whiteford de Blairquhar, 433.
Whitwoth Aylmer, 673.
Wicard, 678.
Wicquet (de), 693.
Wicquet (du), 523.
Wied (prince de), 110.
Wignacourt, 85.
Wignacourt (de), 618.
Wilberforce, 569.
Williams Berkeley, 548.
Williams de Clovelly, 529.
Williams d'Eltham, 732.
Williamson, 716.
Willot de Beauchemin, 197, 495, 536.
Willoughby, 717.
Wilson Berners, 511.
Wilson, 610, 630.
Wilson de la Colombière, 347.
Wilt (de), 530.
Wimarsan (de), 312.
Windham-Quin, 615.
Windham Quin de Duraven, 622.
Windsor, 673.
Windsor, comte de Plymouth, 164.
Wingfield, 110.
Winn Headley, 738.
Winneburg, 171.
Wint (de), 444.
Wintropp, 670.
Wintzingerode Knorr, 625.
Witie (de), 704.
Witte de Leverghem (de), 704.
Wodehouse, 9, 470.
Wolff de Moorsel, 744.

Wolfgang (Fr.-Ign.), 383.
Wollaston de Loseby, 551.
Wollenhoven, 647.
Wolseley, 541.
Wood de Barnsley, 591.
Woodford de Carleby, 517.
Woodhouse (John), 32
Wordswoth, 717.
Woronzoff (comte de), 298.
Workmann-Macnaghten, 565.
Worsley d'Appuldercombe, 712.
Worsley-Holmes, 715.
Worsley de Hovingham, 616.
Woss, 560.
Woyet de Norwick, 687, 692.
Wrangel, 607.
Wrangel de Sausis, 546.
Wright, 533.
Wray (baronnet), 97, 176.
Wurtemberg (de), 474, 639.
Wurtemberg (le royaume de), 124.
Wylie, 504.
Wynn Newborough, 674,
Wyvill de Burton-Constable, 583.

X

Xarguier, 504.
Xonot (de), 386.

Y

Yelverton Avonmore, 629.
York de Hardwicke, 545.
York de Wartenburg, 545.
Young de Baillieborough, 363.
Young de Marlow, 604.
Ypres (d'), 721.
Yrsch, 721.
Ysebrant de Beverworde, 591.
Ysebrant de Difque, 591.
Ysuard (d'), 515.
Yvignac (d'), 296.

Z

Zachreiss de Markekoven, 517.
Zamoiski, 691, 711.
Zélande, 521.
Zeppelin, (comte), 73.
Zerbi (de), 462.
Zesterfleth, 582.
Zinzerling, 667.
Zubow (prince de), 224.
Zuylen, 756.
Zuylen d'Anholt, 754.
Zuylen de Hardenberg, 568, 754.
Zuylen van Nyevelt, 619.

ADDITIONS.

AB ALTO AD ALTUM. — De Clapieri (Provence).

ADHUC SUBLIMIS MORIENS. — De Barghon Fort-Rion et des Chapelles.

AUT MORS AUT VITA DECORA. — Manessier (Picardie).

DÉSIR N'A REPOS. — Caulaincourt (Picardie).

DE TOUT TEMPS APPARENT. — Parent (Picardie).

DU BUISSON VIENT LA ROSE. — Du Buisson de Courson. — Cristot (Normandie).

FUIMUS. — Bruce, comte d'Elgin (Écosse).

GLORIA, DECUS, HONOR PATRI. — Patry (Normandie, Anjou).

IN CRUCE SPES ET ROBUR, cri : Berthen. — de Berthen de Villers de Pommery (Flandre, Picardie, Ile de-France).

MALO MORI QUAM FOEDARI. — Briet (Picardie).

NEC TEMERE, NEC TIMIDE. — Vivien de Goubert (Isle de France).

NO DESCENDIMOS DE LOS REYES, SINO LOS REYES DE NOS. — Narbonne-Lara.

PAX IN BELLO. — Du Crocquet de Guyencourt.

PRO DEO ET REGE ME SUS-

TINET TURRIS. — Du Puy (Picardie):

PRESIT DECUS. — Dumas de l'Iole (Berry) ; Dumas de Marveille (Foix).

STETIT IN EXILIO PRO PATRIA FIDES. — De Cazenove.

SUSTINE ET ABSTINE. — Pictet (Genève).

TOUJOURS LOYAL. — Du Wicquet (Picardie).

CORRECTIONS.

Adroit et vaillan : lisez *Adroit et vaillant*,389.

D'Aviaud, lisez : *d'Aviau*, 633.

Béthume, lisez : *Béthune*, 630.

De Bonnegons, lisez : *de Bonnegens*, 411.

Bontourlin, lisez : *Boutourlin*, 395.

Bourmont de Ghaisné, lisez : *Ghaisne de Bourmont*, 417.

Brulart de Sillery de Genlis, 404.

Cambis (de), lisez : (*Comtat-Venaissin*), 739.

De la Devèze, lisez : *Clerc de la Devèze*, 407.

Coetnempren, lisez : *Coetnompren*, 95, 386, 420.

Corday d'Armans, lisez : *d'Armont*, 423.

Du Blanc de Brantès, lisez : *de Brantes*, 458.

Dupont-l'Abbé, lisez : *Du Pont*, 629.

Du Parc de Caëtfrec, lisez : *Coëtfrec*, 713.

Ferandy, lisez : *Feraudy*, 394.

Fur treve und Verdienst, lisez : *Treue*, 472.

Furchtlos und Trew, lisez : *und Treu*, 472.

Graisivodon, lisez : *Graisivodan*, 387.

Javarni, lisez : *Javarin*, 742.

Kerousève (de), lisez : *de Kerouzéré*, 508.

Labattut, lisez : *Labatut*, 404.

Lacour de Balleroy, lisez : *La Cour*, 480.

De Lart de Bordeneuve, lisez : *de Lar de Bordeneuve*.

la Vatelle (de), lisez : *La Valette*, 595.

Le Bar de Courmon, lisez : *Le Bas*, 715.

Le Bar de Girangy, lisez : *Le Bas*, 715.

Le Bar du Plessis, lisez : *Le Bas*, 715.

Lée, lisez : *Lee*, 385.

De Lescoët de Lesguifflon, lisez : *Lesguifflou*, 715.

Lignand de Lussac, lisez : *Lugnaud*, 713.

Longneau de Saint-Miche, lisez : *Longueau*, 439.

Malorti, lisez : *de Malortie*, 595.

Maroles, lisez : *Marolles*, 390.

Mortemart (de), lisez : *Mortemart de Boisse*, 446.

Nihil in me nisi labor, lisez : *Nihil in me nisi valor*, 212.

O'Rourske, lisez : *O'Rourke*, 721.

Ouvrier de Willegly. lisez : *Villegly*, 633.

Palnat de Besset, lisez : *Paluat*, 398.

Palnelle, lisez : *Pa[illegible]*, 47[illegible].

Patras de Campaigne, lisez : *Campaigno*, 425.

V[illegible]net de Lisleroy, lisez : *Vanel*, 634.

Tala[illegible] de Chamezel (de), lisez : *Chamazel*, 732.

Stephan[illegible]polt de Comrène, lisez : *Comnène*, 458.

Seton Steuart, lisez : *Stewart*, 743.

Salusbary, lisez : *Salisbury*, 734.

Truchy (de), lisez : *(Bourgogne)*, 739.

Reynard de Lagny, lisez : *Regnard de Lagny*, 393.

Plessy de Richelieu, lisez : *Plessis*, 479.

Vaufleurant, lisez : *Vaufrelant*, 387.

730 — Abbeville — Typ. et stér. Gustave Retaux.

EXPLICATION DES FIGURES

REPRÉSENTÉES DANS LES PLANCHES

PL. I.

	Pages.
Nº 1. — A ma vie.	15
Nº 2. — Monstrant regibus astra viam	199
Nº 3. — Barbaria	32
Nº 4. — Cominus et eminus	51
Nº 5. — Coronabitur legitime certans	55
Nº 6. — Donec totum impleat (1)	
Nº 7. — Tres in uno	338
Nº 8. — Pretium non vile laborum	605

PL. II.

Nº 1. — Hic terminus hœret	135
Nº 2. — Rerum sapientia custos	284
Nº 3. — A ma vie	15
Nº 4. — Fata viam invenient	103
Nº 5. — Te testante virebo	330
Nº 6. — Securitas altera	295

(1) Devise des chevaliers de l'ordre militaire du Croissant et de l'Étoile, institué en 1268, par Charles d'Anjou, frère de saint Louis.

PL. III.

Pages.

N° 1. — Nutrisco et extinguo 231
N° 2. — Donec totum impleat orbem 80
N° 3. — Monstrant regibus astra viam 199
N° 4. — Ante ferit quam flamma micet 17
N° 5. — Sola vivit in illo 341
N° 6. — Autor ego audendi 29
N° 7. — Non quæ super terram 233
N° 8. — Pietate et Justitia 248

PL. IV.

N° 1. — Plus ultra 251
N° 2. — Securitas altera 295
N° 3. — Non inferiora sequutus................. 221
N° 4. — Zara a chi tocca.......................... 373
N° 5. — Unus non sufficit orbis................. 348
N° 6. — Manet ultima cœlo........................ 190
N° 7. — Nusquam marcessit virtus.............. 231
N° 8. — Espérance.................................... 93

PL. V.

N° 1. — Securitas regni 295
N° 2. — Jesus (1)..
N° 3. — Exaltat humiles............................ 99
N° 4. — J'ai le corps délié 160
N° 5. — L'amour de Dieu est pacifique 174
N° 6. — Espérance.......................... 93 art. 2.

(1) Devise de l'ordre de Jésus ou des Chérubins, institué en 1334, par Magnus IV, roi de Suède.

www.ingramcontent.com/pod-product-compliance
Ingram Content Group UK Ltd.
Pitfield, Milton Keynes, MK11 3LW, UK
UKHW021052260726
13994UKWH00002B/519

9 782019 694012